GÉRARD DU BOULAN

L'Énigme d'Alceste

Nouvel aperçu historique, critique et moral sur le XVIIe siècle

AVEC UN PORTRAIT INÉDIT DE MOLIÈRE

> Alceste est resté le secret du génie de Molière
>
> V. COUSIN.

PARIS

A. QUANTIN, IMPRIMEUR-ÉDITEUR

7, RUE SAINT-BENOIT

1879

L'ÉNIGME D'ALCESTE

ÉDITION TIRÉE A 550 EXEMPLAIRES NUMÉROTÉS

Savoir :

Nos 1 à 10	exemplaires	sur papier du Japon
11 à 30	—	sur papier de Chine
31 à 50	—	sur papier Whatman
51 à 550	—	sur papier de Hollande

EXEMPLAIRE No 

Masson sc.

Imp. A. Quantin

MOLIÈRE

d'après Sebastien Bourdon

GÉRARD DU BOULAN

L'Énigme d'Alceste

Nouvel aperçu historique, critique et moral sur le XVIIe siècle

AVEC UN PORTRAIT INÉDIT DE MOLIÈRE

> Alceste est resté le secret du génie de Molière.
>
> V. COUSIN.

PARIS

A. QUANTIN, IMPRIMEUR-ÉDITEUR

7, RUE SAINT-BENOIT

1879

NOTICE ARTISTIQUE

SUR LE

PORTRAIT DE MOLIÈRE

DU MUSÉE DE MONTAUBAN

PARMI les tableaux que le musée de Montauban avait envoyés l'année dernière à l'Exposition rétrospective du Trocadéro figurait un portrait dit de Molière attribué à Sébastien Bourdon, contemporain et ami du poète. Malgré le mauvais état relatif de cette toile, on ne tarda pas à la remarquer et à la discuter. — C'est elle qui a fourni à la pointe de M. F. Masson le portrait qui se trouve en tête de ce volume. Voici l'historique de ce portrait que nous devons à l'obligeance du juge le plus compétent.

En 1850, Ingres fit don à la ville de Montauban d'un certain nombre de toiles, parmi lesquelles se trouvait un portrait sans signature, dont il faisait grand cas, ne soupçonnant pas d'ailleurs que ce pût être celui de Molière, son auteur favori. Cependant ce portrait frappa plusieurs personnes, entre autres Michelet, qui disait que ce pouvait bien être celui du poète, fait pendant son séjour dans le Midi[1].

Un hasard singulier par sa date (on touchait au deuxième centenaire de la mort de Molière) fit rapprocher de cette peinture un portrait gravé par Beauvarlet, artiste bien connu du XVIIIe *siècle. Cette estampe, dédiée au duc de Richelieu et autres gentilshommes de la chambre du roi Louis XV par l'éditeur de Mailly, est sans caractère, sans ressemblance avec les autres portraits connus de l'original; mais elle porte en toutes lettres la mention* d'après Sébastien Bourdon; *de plus, elle présente avec le portrait de Montauban des similitudes de détails telles, qu'il parut de suite impossible que l'un n'eût pas dû servir à faire l'autre.*

1. Voir à la page 155 quant au séjour de Molière dans le Midi (Note de l'auteur).

Cette constatation fut un trait de lumière.

Voici comment on peut reconstituer l'histoire de notre toile :

Sébastien Bourdon, devenu plus tard directeur de l'Académie de peinture, connut Poquelin Molière et fit son portrait dans le Midi, peut-être à la petite cour du duc d'Épernon, vers 1647. Le peintre avait environ trente ans et son modèle environ vingt-cinq. Ce souvenir de la jeunesse et de l'amitié fut conservé avec soin par l'écrivain jusqu'à sa mort ; mais bientôt après, il fut rejeté comme un témoin gênant par sa femme, indigne de porter ce nom illustre et pressée de prendre celui d'un homme qui ne valait pas mieux qu'elle. Alors, sans doute, furent aussi perdus ou détruits tous les manuscrits et tous ces souvenirs personnels, d'ordinaire sacrés pour les familles où l'on s'honore de conserver une mémoire célèbre.

Cent ans après, l'opinion publique s'émut et revendiqua hautement le nom de Molière pour la gloire nationale. L'Académie et la Comédie française voulurent avoir toutes deux un buste. Beauvarlet fut chargé de faire une gravure d'après le portrait de Bourdon, dont quelques parents de Molière, encore vivants, pouvaient attester l'authenticité; mais il fut trouvé dans un tel état de dégradation, qu'au lieu de le restaurer simplement, on crut devoir seulement s'en servir pour en faire un autre. Les cheveux étaient à peine visibles, on peignit une belle perruque; une fois engagé dans cette voie de modifications, la hardiesse devint plus grande, et sous l'influence du goût frivole et mauvais de l'époque, on enleva ce linge rayé qui est de tradition dans quelques rôles, pour le remplacer par une belle dentelle; on assit le personnage devant une table chargée des attributs obligés de l'écrivain. La colonne du fond fut ornée de la draperie somptueuse indispensable; ce n'était plus ce jeune homme posant sans autre prétention que de montrer un peu ses belles mains; ce fut le grand homme peint pour la postérité: par Beauvarlet lui-même peut-être, mais certainement par un artiste ayant quelque habileté de pinceau, et aussi ignorant que dépourvu de sens moral, car il a déshonoré Bourdon en lui attribuant la paternité d'une œuvre bâtarde et détestable.

On grava donc ce portrait, et le premier, l'original, fut délaissé encore. Ce fait n'a rien qui étonne, quand on connaît Beauvarlet et qu'on sait qu'un fils du second lit de la femme de Molière n'hésita pas à refaire Mélicerte. *La pièce refaite était tombée; le même sort arriva au portrait refait.*

Les derniers membres de la famille disparurent, les troubles de 93 achevèrent de rompre la chaîne des traditions et la toile, inconnue désormais, alla figurer à la porte de quelque brocanteur, où elle fut sans doute ramassée par Ingres.

Toutes les biographies de Molière, celle de M. Taschereau entre autres, rendent cette histoire vraisemblable; mais on en trouve les preuves dans les peintures mêmes dont il est question. Elles sont manifestes et plus sûres que si elles étaient écrites. — Ainsi :

Le portrait de Montauban est une œuvre savante, portant le cachet du temps et d'une étude faite sur nature; l'autre est certainement de la fin de l'époque de Louis XV. Des yeux exercés y reconnaissent dès l'abord deux auteurs. Sans entrer dans une discussion technique, il est évident que celui qui a mis en perspective la colonne du fond et la tête, n'a pas ajouté la table qui suppose un point de vue *différent.*

Est-il nécessaire maintenant d'attaquer les

autres portraits existants, et particulièrement celui ou ceux attribués à Mignard? Il ne le semble pas. Le Molière de vingt-cinq ans pouvait bien ne pas être reconnaissable à cinquante, et cela est plus que probable pour un homme miné par le chagrin, et le mal qui l'emporta. On sait d'ailleurs qu'il eut une maladie qui le dévisagea au point qu'un de ses amis, allant le voir, ne le reconnut pas.

Les traits fins et l'œil vif de la jeunesse disparurent, et dans ce visage boursouflé et commun qui resta, on ne peut véritablement reconnaître l'auteur si spirituel et si aimable que l'esprit se représente.

Enfin, en étudiant le buste fait par Houdon, aussi vers 1773, et qui est aujourd'hui consacré sans que personne s'inquiète le moins du monde de son origine, on peut croire que le statuaire s'est servi du portrait de Bourdon plutôt que de celui de Mignard. C'est ce buste, un peu de fantaisie, qui est couronné tous les ans sur la scène du Théâtre-Français.

Il n'est pas peut-être déplacé de dire ici que le nom de Molière, dont on a beaucoup cherché l'origine, peut bien être celui d'une des localités qui se trouvent dans Le Quercy. Les Poquelin avaient certainement des parents ou au moins d'anciens amis de famille dans cette contrée ; et il suffit d'ouvrir un dictionnaire de géographie pour compter jusqu'à huit villages du Midi qui portent le nom de notre poète.

ARMAND CAMBON,

Directeur du musée de Montauban.

L'auteur ne saurait trop remercier le savant directeur du musée de Montauban de cette intéressante notice qui peut former un nouveau chapitre à l'*iconographie molièresque* du bibliophile Jacob. Il a d'ailleurs voulu apprécier par lui-même la valeur de l'hypothèse artistique de M. Cambon et s'est mis en présence de la gravure de Beauvarlet. C'est là d'ailleurs ce que chacun peut faire, cette gravure se trouvant encore chez les marchands d'estampes à des prix relativement modérés. Rapprochement établi, chacun reconnaîtra la filiation. Il est, par exemple, impossible que la pose des mains soit due à un pur effet du hasard. Quant aux traits, ce sont évidemment les mêmes, mais harmonisés, si on peut dire, au goût du temps : alors, on le sait, les artistes voyaient des nez retroussés à toutes les femmes, et des lèvres narquoises à tous les hommes.

C'est ainsi que la bouche à la fois si calme et si fine de Sébastien Bourdon est devenu *parlante* chez Beauvarlet. Mais en y regardant de près, on voit, à n'en pouvoir douter, que le fond du visage est bien en réalité le même.

G. DU *B.*

L'ÉNIGME D'ALCESTE

CHOSE singulière, *le Misanthrope,* l'une des plus attrayantes conceptions de l'art moderne, est encore, on peut le dire, à l'état de problème psychologique. Qu'a voulu faire Molière? Que personnifie ALCESTE, cet « homme aux rubans verts », d'une humeur si désagréable, et sur qui cependant convergent toutes les sympathies du spectateur et du lecteur?

A chacune des reprises de l'immortel chef-d'œuvre au Théâtre-Français, les critiques de profession ne manquent guère de poser et de résoudre, chacun à sa manière, cette question que l'on pourrait appeler une énigme de l'art. Pour eux, ALCESTE est un portrait : tantôt celui du duc de Montausier; tantôt celui de l'auteur lui-même, que ses chagrins domestiques ont jeté dans une noire mélancolie et poussé à la haine de l'espèce humaine;

Ou bien ALCESTE est simplement un type : celui du misanthrope dans l'acception ordinaire de ce mot, et c'est le seul effet du génie de l'auteur qui a pu rendre cette sorte d'entité intéressante en soi;

Ou bien enfin, il s'agit simplement d'une personnalité excentrique dont les exagérations fantaisistes étaient destinées à faire rire le spectateur, mais que la tradition scénique a, peu à peu et graduellement, tournée au tragique : interversion, ajoute-t-on, assez fréquente au theâtre. — Je me rappelle avoir vu cette dernière interprétation présentée par Théophile Gautier à l'occasion de la reprise du rôle par l'acteur Bressant, qui fut, pour moi, un ALCESTE accompli.

Enfin, M. Cousin paraît avoir voulu résumer ce débat toujours pendant, en disant « qu'Alceste est resté le secret du génie de Molière ».

Sera-t-il permis à un simple amateur d'aborder à son tour la question et de chercher le mot — le vrai mot de

L'ÉNIGME D'ALCESTE?

Il en court l'aventure. La tentative mérite encouragement, ou du moins indulgence, car la tâche est ardue : il ne s'agit de rien moins que de faire, ou plutôt de refaire, en quelques pages, en un mince volume, l'histoire politique, littéraire et morale du siècle réputé le plus brillant de nos annales ; grande époque sans doute ! mais dont l'illustre Villemain a dit, avec un sens profond, qu'elle avait été jusqu'ici celle « de l'admiration », comme pour nous avertir qu'un jour viendrait où le parti pris de respect puisé dans nos études courantes ferait place au franc parler de la critique indépendante.

Toutefois, avant de me lancer dans cette voie, je dois revenir à mon point de départ, et discuter, pour en démontrer l'inanité, les différentes versions tout à l'heure énumérées.

I

CE QUE

N'EST PAS ALCESTE

CE QUE
N'EST PAS ALCESTE

Voir le duc de Montausier dans Alceste est une idée superficielle qui ne saurait résister à la moindre critique historique. Elle est évidemment due à l'interprétation toute moderne d'un mot de Mme de Rambouillet que rapporte Tallemant : « Mon gendre est fou à force d'être sage. » En exagérant cette pensée, on peut, à la rigueur, y trouver la genèse de notre personnage. Mais, comme réalité, quelle différence entre les deux types! Le mari de la précieuse Julie était hautain, colère et brutal, plutôt que misanthrope. Comment et pourquoi l'aurait-il été? A l'exception du bâton de maréchal de France, qu'il eut, assure-t-on, la pudeur de ne pas prendre alors qu'on le lui tendait prématurément, et qu'il ne put rattraper depuis, rien ne lui fit défaut. Sa chance était célèbre. Ayant acheté fort cher le gouvernement d'une province, son cédant mourut avant que les provisions fussent scellées, et il eut ainsi la charge pour rien (ne donnant pas le moindre dédommagement à la famille du mort). L'unique frère de celle qui allait devenir sa femme, le jeune Pisani, partant pour la guerre, disait avec une cavalière mélancolie : « Montausier est si heureux que je ne peux pas manquer de me faire tuer, puisqu'il va épouser ma sœur. » Et il n'y manqua pas en effet! ajoute Tallemant. Comment cet homme, qui n'éprouva peut-être jamais d'autre contrariété dans la vie que celle d'avoir attendu treize ans le *oui* conjugal de l'extra-nubile objet de sa flamme, aurait-il pu s'écrier sans ridicule pour les contemporains :

> Trahi de toutes parts, accablé d'injustices,
> Je vais sortir d'un gouffre, etc.

Autre cause de dissemblance à laquelle n'ont

pas pris garde les auteurs de cette version : Montausier était infecté de bel esprit. Pouvait-il en être différemment d'un homme qui avait soupiré durant treize ans dans la chambre bleue de la précieuse des précieuses? Il a traduit Lucain, qu'il déclarait supérieur à Virgile; composé des madrigaux qui figurent dans la célèbre *Guirlande à Julie,* l'un des événements de l'époque (1641, d'après Taschereau). C'est lui qui, voulant consoler Corneille après l'insuccès de *Surena,* disait avec une naïve impertinence à l'Eschyle vieilli : « Monsieur Corneille, j'ai vu le temps où je faisais d'assez bons vers; mais, ma foi, depuis que je suis vieux, je ne fais rien qui vaille. Il faut laisser cela pour les jeunes gens. » Ce serait véritablement supposer à Montausier la poutre dans l'œil que d'admettre qu'il ait jamais pu donner à Oronte ces sages conseils :

N'allez point quitter, de quoi que l'on vous somme,
Le nom que dans la cour vous avez d'honnête homme
Pour prendre de la main d'un avide imprimeur,
Celui de ridicule et misérable auteur.

L'invraisemblance est si frappante qu'elle me pousse à ce qui est peut-être une exagération : je trouve que si Montausier a fourni une réminiscence à notre auteur, ce n'est pas chez l'homme à la « vieille chanson que je m'en vais vous dire » qu'il faut la chercher, mais bien chez l'homme au « sonnet à Philis ». Il n'y a évidemment pas à insister[1].

1. Mais, puisqu'il vient d'être question de la *Guirlande à Julie*, c'est ici le lieu de placer un souvenir de circonstance. On sait qu'il s'agit d'une collection de poésies variées, motivées chacune par une fleur, et composées par les poètes en vogue de l'époque (dont Corneille). Le recueil était manuscrit et fait par un calligraphe alors célèbre; ce fut une galanterie de Montausier à son inhumaine. Il en existe aujourd'hui trois exemplaires connus qui sont, comme bien on pense, de véritables diamants en bibliophilie. Au moment où j'achève ces lignes, l'un des trois se trouve à l'exposition rétrospective du Trocadéro, mais si peu en évidence que de bien rares personnes ont pu se douter qu'elles passaient à côté de cette pièce curieuse. Cet exemplaire, d'une conservation parfaite (au moins en apparence, puisque sa feuille extérieure était seule exposée), doit être l'original, celui même offert à la belle précieuse : il appartient en effet à M. le duc d'Uzès, qui descend directement, par les femmes, de l'union entre Montausier et Julie d'Angennes.— La *Guirlande à Julie* a d'ailleurs été imprimée par Nodier dans la *Collection des petits classiques*, et M. O. Uzanne l'a rééditée chez Jouaust. Au point de vue littéraire, l'œuvre ne méritait certainement pas tant d'honneur. Les plus jolis vers sont ceux du quatrain de Desmaretz sur la violette :

> Franche d'ambition, je me cache sous l'herbe,
> Modeste en ma couleur, modeste en mon séjour :
> Mais si, sur votre front, je puis me voir un jour,
> La plus humble des fleurs sera la plus superbe.

Molière n'a d'ailleurs jamais cessé de se défendre contre la supposition qu'il pouvait songer à représenter telle ou telle personne dans ses pièces, autrement dit, à faire des portraits en traçant ses caractères. M. Saint-René Taillandier, dans une de ces études littéraires où il excelle, démontre la sincérité de ces protestations en analysant *l'Impromptu de Versailles,* qui flagelle si cruellement le poète Boursault, dont le méfait consistait dans la prétention d'avoir une clef authentique des principaux personnages de l'auteur[1].

Passons à la seconde thèse : Molière a-t-il entendu se peindre lui-même dans ALCESTE ? — Évidemment oui, si l'on veut s'en tenir au côté secondaire, je dirais volontiers subalterne de la pièce. Il ne faut pas, en effet, être un bien grand chercheur pour reconnaître, avec certitude, qu'ALCESTE amoureux, c'est Molière, parce que Célimène est incontestablement Armande Béjart. On possède aujourd'hui d'une manière exacte l'histoire de cette jeune femme qui n'a pas été

1. Voir *Un poète comique du temps de Molière : — La jeunesse de Boursault* dans la *Revue des Deux Mondes* du 1er novembre 1878. — Travail dont la première partie paraît au moment où je revois ces lignes.

seulement une coquette, mais « la coquette » dans la plus complète acception du mot ; on sait les déchirements qu'elle a infligés au grand homme qui lui avait donné toute son affection. Le récent ouvrage de M. Loiseleur sur *Les points obscurs de la vie de Molière,* qu'on ne saurait trop consulter, ne laisse pas, ce semble, un seul de ces points à éclaircir, au moins quant à la place que tint Armande dans la vie du poète. Mais cela ne prouve absolument rien, car le personnage de Célimène n'est pas caractéristique de celui d'ALCESTE.

Ce n'est d'ailleurs pas seulement dans le chef-d'œuvre qu'on retrouve Armande ; le triste drame conjugal apparaît encore ailleurs : par exemple, dans *le Bourgeois gentilhomme* [1], dans les lettres à Chapelle, dans les entretiens avec les intimes... Quoi d'étonnant chez un homme que sa préoccupation jalouse n'abandonnait jamais : ce grand cœur blessé saignait un peu partout son inéluctable douleur !...

En un mot, l'amour malheureux ne fait pas *a priori* l'amant misanthrope, sans quoi ce type, unique encore aujourd'hui à la scène, battrait,

1. Acte III, sc. IX.

si l'on peut dire, le pavé du théâtre. Remarquons d'ailleurs qu'ALCESTE ne parle jamais avec amertume de Célimène; c'est plutôt avec mélancolie que son esprit se porte vers elle. Qui peut avoir oublié cette première scène où, dans tout le feu de son emportement contre l'espèce humaine, Philinte lui rappelle avec une intention malicieuse que celle qu'il aime est loin d'être parfaite : aussitôt le calme se fait en lui; sa physionomie change, et c'est d'une voix attendrie (j'entends encore Bressant) qu'il dit ces vers touchants :

Non : l'amour que je sens pour cette jeune veuve
Ne ferme point mes yeux aux défauts qu'on lui treuve;
Et je suis, quelque ardeur qu'elle m'ait pu donner,
Le premier à les voir comme à les condamner.
Mais avec tout cela, quoi que je puisse faire,
Je confesse mon faible : elle a l'art de me plaire.

Remarquons, d'ailleurs, qu'à part son chagrin de cœur, Molière est de tous les hommes celui qui représente le moins son misanthropique héros portant au genre humain « la haine vigoureuse » que nous savons. Il était bon, charitable, tutélaire à ceux qui l'entouraient. Sa troupe formait pour lui une véritable famille; et cela non pas seulement au temps de sa prospérité, mais aux jours de labeur lorsque, parcourant la province en nomade, elle faisait parfois, hélas! de bien maigres recettes...

Enfin, dernier point de dissemblance : on peut remarquer que *le Misanthrope* est la seule pièce du théâtre de Molière dont la scène se passe véritablement à la cour ou du moins parmi des gens de cour. On peut donc se demander comment l'auteur, appartenant à la plus modeste bourgeoisie, aurait pu avoir la pensée de se transfigurer en élégant seigneur? Ses ennemis et ses rivaux (ils étaient nombreux!) n'auraient pas manqué, perçant à jour la métamorphose, de lui lancer à pleines mains leurs brocards. Or, on ne trouve rien dans les recherches des *moliéristes* qui révèle une pareille visée chez les zoïles du temps.

Alceste n'est pas non plus simplement un type : celui du misanthrope. La misanthropie prise en elle-même ne saurait évidemment devenir la donnée génératrice d'un personnage scénique. Elle n'est pas, comme l'ambition, comme l'avarice, comme le jeu, une passion agissante et pouvant devenir pivotale. Elle est un état en quelque sorte négatif de la personnalité humaine. Un misanthrope, c'est-à-dire un homme dont la spécialité est de détester ses semblables, ne saurait les intéresser par ses manifestations, à moins qu'elles ne soient de nature à provoquer la plus folle gaieté, comme, par exemple, dans la pièce si comique du *Misanthrope et l'Auvergnat*, qui a tant amusé notre génération.

Reste donc à rechercher si une pareille conception — celle de la misanthropie comique — a pu réellement entrer dans la pensée de Molière. Eh bien, je crois vraiment que cette version ne mériterait pas d'être relevée, si elle ne se produisait avec le laisser-passer d'un critique aussi autorisé que Théophile Gautier. — Rien absolument dans la glose du temps ne révèle que Molière ait eu l'idée de faire d'Alceste un personnage destiné à divertir le parterre par ses excentricités. Boileau est même si loin d'admettre cette pensée, qu'il gourmande, nous le savons, son ami de déroger jusqu'à écrire des farces après avoir conçu la grande figure d'Alceste :

> Dans le sac ridicule où Scapin s'enveloppe.
> J'ai peine à reconnaître l'auteur du Misanthrope.

Il est, on peut dire, un seul moment où l'emportement hors de propos d'ALCESTE provoque l'hilarité des personnages, hilarité à laquelle les spectateurs sont sur le point de se mêler; mais nous avons tous présente à la mémoire la riposte, tragique par le fond, sinon par la forme, qui fait rentrer le rire dans la gorge des marquis aussi bien que du public:

> Par la sambleu! messieurs, je ne savais pas être
> Si plaisant que je suis...

Chacun ne se rend-il pas intimement compte que celui qui parle ainsi n'est pas et ne saurait être un homme moquable?

Non: la tradition théâtrale ou plutôt l'excentricité géniale d'un acteur a bien pu changer en grotesque certain personnage très sérieusement conçu d'un mélodrame contemporain, et cela au point de faire de cette création ainsi travestie une sorte de mythe populaire; mais, métamorphoser en sens inverse la conception la plus caractérisée du génie de Molière; changer en un type comique l'attachante figure dont l'apparition, dont le nom seul remue notre fibre... Oh! certes, les talents réunis de tous les grands artistes du monde ne pourraient, même avec l'aide de plusieurs siècles, arriver à opérer pareille transformation. — Il faut donc prendre l'idée de Théophile Gautier pour ce qu'elle est : pour un de ces paradoxes que cet esprit fantaisiste, emprisonné dans un feuilleton hebdomadaire, se permettait de temps à autre en manière de frasques poétiques.

Enfin, il existe une dernière version qu'on peut appeler l'éclectisme de la matière : « La grande œuvre de Molière ne vise personne et vise tout le monde, le tout le monde de l'époque ; ALCESTE n'est pas plus l'auteur que le duc de Montausier ; Célimène n'est pas plus Armande que la duchesse de Longueville. Mais Molière recevant les impressions, on peut dire les inspirations de son milieu, a fusionné à la flamme de son génie des éléments variés, disparates même, pour en créer un tout admirable dont le dernier mot est *la tolérance sociale !..*[1] » Je ne puis absolument accepter cette interprétation. Elle me paraît pécher par la base. Si le dernier mot de la pièce était réellement la tolérance sociale, ce serait Philinte et non ALCESTE qui en serait le héros ; ce serait sur Philinte que

1. Telle est l'opinion de M. Loiseleur dans son remarquable volume déjà cité, et auquel j'aurai souvent occasion de renvoyer le lecteur (voir p. 305 et suiv.).

l'auteur se serait efforcé de concentrer l'intérêt, car Philinte n'est-il pas l'homme tolérant par excellence? Tolérant à ce point que sa personnalité est devenue, presque autant que celle de son ami, l'objet de gloses contradictoires et qu'il me faudra, à mon tour, risquer en son lieu une interprétation de ce raisonneur à manteau[1]! Or, je le demande, qui s'est jamais passionné pour Philinte? Analysez l'intérêt que peut vous inspirer ce Pangloss obstiné, et vous reconnaîtrez qu'il n'est que de répercussion : si on l'aime un peu, c'est parce qu'il aime beaucoup ALCESTE. J'espère démontrer que c'est là toute la sympathie qu'il mérite.

Ainsi, pour nous résumer quant à cette première partie, ALCESTE n'est évidemment pas ce que pense un vain peuple; et par ces derniers mots j'entends (en leur demandant infiniment pardon de la liberté grande) aussi bien l'élite de nos critiques que l'élite de nos spectateurs.

Qu'est donc ALCESTE? — Lecteur, cherchons

1. Voir à la IVe partie. — On a pu remarquer que l'année dernière, lors de la reprise du *Misanthrope* avec les costumes originaires, Philinte seul portait le manteau. Ce retour à une vieille tradition du Théâtre-Français a été évidemment intentionnel de la part de son habile directeur, M. Perrin.

ensemble. Mais pour avoir chance d'arriver au but, allégeons-nous d'abord de notre bagage d'érudition classique ; puis, à la ligne droite n'hésitons à préférer la ligne courbe, si celle-ci doit nous ouvrir des horizons nouveaux.

II

L'AURÉOLE D'EMPRUNT

L'AURÉOLE D'EMPRUNT

QUELLES admirables étoffes que celles tissées de soie et d'or par la main de ce XVIIe siècle qui nous a laissé de si précieux souvenirs artistiques; combien sont douces à la vue leurs nuances fondues et presque éteintes sous la patine du temps! Mais soyez curieux; essayez d'en étudier la trame; regardez l'envers : quel inextricable lacis! que de rugosités, que de laideurs!

Ainsi des hommes et des choses d'un temps où le paraître domina toujours l'être. L'histoire s'en est généralement tenue au paraître, et ce qu'on peut appeler le poncif scolaire nous régente encore de très haut en cette matière. Le pseudo-philosophe Cousin a plus que personne contribué à fausser l'esprit de notre génération sur cette partie de notre histoire. Pour lui, le siècle semble se résumer tout entier dans les rapides années qui furent comme le seuil du gouvernement d'Anne d'Autriche. Illuminée par l'entraînante magie de son style, cette courte période intermédiaire rayonne sur les autres. C'est à travers son auréole d'emprunt que nous voyons généralement aujourd'hui la redoutable époque qui fut en réalité l'une des plus calamiteuses, l'une des plus détestables de notre histoire.

Divisons-la pour la comprendre. Car le XVIIe siècle n'est pas différent des autres : comme ses frères il compte vingt lustres, et c'est une première source d'erreurs que de prétendre le glisser en bloc sous notre admiration, en le qualifiant génériquement avec Voltaire de *siècle de Louis XIV*.

Toute la première cinquantaine n'était-elle donc pas déjà écoulée et au delà, quand le fils d'Anne d'Autriche se trouva émancipé à l'âge de treize ans (août 1651)?

Or, rien ne se ressemble moins que ces deux

segments de siècle; autant le second est rectiligne et monotone dans sa continuité, autant l'autre est rompu et varié dans son fractionnement. Nous avons :

Les dix années du règne pacifié de Henri IV, de 1600 à 1610, brillante aurore trop tôt disparue;

Les quatre années de la régence de Marie de Médicis (1610-1614), dont chacun connaît les tiraillements;

Le long règne de Louis XIII ou plutôt de son ministre Richelieu qui ne finit qu'en 1643, période si accidentée dont l'histoire vraie est peut-être encore à faire;

Les cinq premières années de la régence d'Anne d'Autriche, qui furent tout de lait et de miel (1643-1648);

Enfin le temps de la Fronde, ainsi vaguement désigné sans doute parce que, s'il ne dura militairement que six ans (1648-1654), son influence morale se prolongea bien au delà.

On le voit : quelle variété d'événements et, par suite, d'impressions et de mœurs! Que d'époques différentes en ce demi-siècle! N'est-il pas vrai que l'histoire commet déjà une aberration lorsque politiquement, moralement et littéraiment, elle comprend dans la même dénomination l'ensemble de la période séculaire?

Attribuant à sa première partie toutes les gloires, elle nous montre la féodalité détruite par Richelieu, la civilisation et la langue, sœurs jumelles, sortant radieuses des années qui virent finir Corneille et commencer Racine; la noblesse perdant à l'hôtel de Rambouillet la rudesse laissée par la Ligue; puisant dans le *Cid*, l'*Astrée*, le *Grand Cyrus* et la *Clélie* les sentiments les plus chevaleresques. — Elle nous montre bien d'autres choses qui m'apparaissent comme aussi fantaisistes; mais je n'entends m'attaquer qu'à celles-là qui seules intéressent ma thèse.

I

LA FÉODALITÉ DÉTRUITE

Pour ce qui est de la féodalité détruite, disons d'abord que l'œuvre ayant été accomplie par Louis XI, Richelieu n'a jamais pu avoir affaire qu'à l'aristocratie nobiliaire. A-t-il réellement entrepris la destruction de cette dernière, j'entends la destruction raisonnée et méthodique ? La chose m'a toujours paru douteuse ; et j'ajoute que les propagateurs de ce lieu commun historique me semblent un peu trop laisser dans l'ombre un fait cependant bien significatif : neuf ans après la bataille de Castelnaudary qui fit tomber la tête de Montmorency sur l'échafaud de Toulouse, le comte de Soissons, le duc de Bouillon et autres « grands » gagnaient la bataille de la Marfée (1641) sur les troupes du roi commandées par un maréchal de France. Qui sait si la carrière politique de Richelieu n'eût pas été terminée du coup sans la balle aussi mystérieuse qu'opportune qui vint, suivant l'expression consacrée, ensevelir le vainqueur dans son triomphe?

La réalité est que Richelieu chercha à comprimer la noblesse; mais au jour le jour, sans parti pris systématique, comme tout gouvernement cherche à dominer ce qui peut entraver sa marche. En fait d'idées préconçues, je n'en vois apparaître qu'une dans ses rigueurs et elle mérite d'être mise en relief, car je ne la trouve nulle part signalée : le cardinal entreprit d'imprimer à la noblesse française le respect de la patrie qui, alors encore, lui faisait absolument défaut. Voyez-le frapper : à l'exception de Marillac et de Boutteville dont le supplice se rattache à des causes particulières, toutes ses prétendues victimes sont des traîtres. Chalais, Montmorency, Cinq-Mars, de Thou, avaient pactisé avec l'Espagne. Guise (petit-fils du Balafré), compromis avec les rebelles de la Marfée qui tous recevaient aide de Madrid, ne dut son salut qu'à la fuite ; il fut dépouillé de ses biens et exécuté en effigie[1]. Bouillon, complice de Cinq-Mars, fut arrêté au milieu de l'armée royale qu'il commandait en Italie, jeté en prison à Pierre-Encise, et ne sauva sa tête qu'en abandonnant sa fameuse principauté de Sedan qui cessa enfin, par ce fait, d'être un foyer de rébellion. La reine Anne, qui ne renonça jamais à conspirer avec sa maison d'Autriche contre la France jusqu'au jour où elle devint régente, fut soumise à une instruction judiciaire des plus humiliantes, et faillit être renvoyée en Espagne avec éclat[2].

Aucun félon, si haut placé qu'il fut, ne trouva jamais grâce devant cet inflexible patriote ; et, si celui que nous nous sommes habitués à nommer le grand Condé fût tombé sous sa main redoutable, il eût certainement payé de sa tête son double pacte avec Philippe et avec Cromwell.

1. V. Forneron, *Les ducs de Guise et leur époque,* t. I, p. 431.

2. V. cette dramatique histoire dans *Madame de Hautefort,* de M. Cousin (4e édit., p. 27), qui l'emprunte à Mme de Motteville. La reine ne fut sauvée que par le dévouement de Mlle de Hautefort — qu'elle paya plus tard d'une royale ingratitude.

Ce qui est d'ailleurs remarquable, et ce qui prouve bien la perversion de l'époque, c'est que tous ces traîtres avaient parfaitement le sentiment de l'énormité de leur faute, ne fût-ce qu'en voyant la grandeur de l'expiation qui la frappait. Pleins d'audace comme conspirateurs d'*intérieur*, la peur les prenait, et ils ne songeaient qu'à se dérober par la fuite dès qu'ils savaient l'implacable ministre instruit de leurs trames avec l'étranger. Ainsi Mme de Chevreuse, transformée en jeune cavalier, gagne l'Espagne à franc étrier dès qu'elle apprend les aveux de Chalais qui la compromettent; Fontrailles, le gentilhomme qui avait, costumé en capucin, négocié le traité de Cinq-Mars avec l'Espagne, se sauve sous le même déguisement dès qu'il sait le cardinal en possession du document accusateur[1].

En un mot, inspirer à la noblesse française un salutaire effroi de tout commerce avec l'étranger, telle me paraît avoir été la pensée dominante du grand homme d'État; et cette pensée

1. L'histoire n'a encore pu découvrir comment Richelieu fut mis en possession du traité de Cinq-Mars. Tallemant dit bien que ce fut la reine qui trahit son complice pour s'innocenter, mais rien ne l'établit.

n'est autre que celle du patriotisme tel qu'on l'entend de nos jours.

Et, à ce sujet, il est permis de se demander si les publicistes modernes ne se montrent pas généralement trop indulgents aux félonies du temps passé, sous le prétexte que les générations précédentes n'avaient pas comme nous la juste idée des devoirs du citoyen envers la patrie. Il y a là, suivant moi, une appréciation erronée : le sentiment de la patrie existait très bien chez nos aïeux ; c'est le sens moral qui trop souvent leur manquait. — Qu'on se souvienne des paroles de Bayard mourant au traître Bourbon s'apitoyant sur son sort : de ces deux contemporains l'un avait conservé le sens moral ; l'orgueil l'avait étouffé chez l'autre. De tout temps il y eut en France une procédure et des peines contre la félonie : l'incompréhensible dicton populaire du *chien de Jean de Nivelle qui s'enfuit quand on l'appelle* n'est autre que le ressouvenir défiguré du décri jeté à Jean de Montmorency, seigneur de Nivelle, trahissant la cause du roi Louis XI pour celle du comte de Charollais[1].

1. Conf. Am. Renée : *Madame de Montmorency*, p. 238, et Littré, *Dictionnaire*, au mot *Chien*.

Henri IV, si magnanime, sacrifie impitoyablement son ami Biron dès qu'il est reconnu coupable de trames avec l'Espagne et la Savoie. Louis XIV se montre aussi rigoureux envers le chevalier de Rohan et ses complices alors que le pouvoir royal consolidé et hors d'atteinte (1674) lui permettait la clémence.

Mais veut-on que ce nouvel aperçu historique soit un pur rêve? Veut-on que Richelieu ait réellement eu la conception politique qu'on lui prête d'avoir entrepris de détruire l'aristocratie nobiliaire? Eh bien, alors, il faut lui mesurer la louange quant à ce point, car son succès paraît bien incomplet! Jetons, en effet, les yeux sur les années qui suivirent sa mort, et nous reconnaîtrons qu'il a passé l'aristocratie nobiliaire à son successeur Mazarin, diminuée de quelques têtes, mais tout aussi infatuée de ses prétentions, tout aussi remuante, et encore tout aussi apte à mal faire. Quand le beau Giulio prit les rênes que lui abandonna presque aussitôt sa royale maîtresse, la France n'appartenait pas plus au roi que vingt ans auparavant : elle était tout aux hobereaux. En veut-on la preuve? Qu'on voie un peu ce qui se passe à cette date caractéristique de l'arrestation des princes (1650). C'est dans l'après-midi du

18 janvier que Condé, Conti et Longueville furent sournoisement arrêtés au Palais-Royal et conduits à Vincennes[1]. Eh bien, dès le lendemain, et comme par un coup de baguette, l'aspect de la cour avait changé : tout seigneur ou gentilhomme « appartenant », comme on disait, à l'un ou à l'autre des trois prisonniers prend aussitôt la volée, et, sans dire gare, va s'enfermer, qui

1. Il faut lire cet épisode curieux et caractéristique aux pages 132 et suivantes du t. III de *Madame de Motteville*. Le vainqueur de Rocroy manifesta ouvertement la crainte de mourir assassiné comme le maréchal d'Ancre : il eut peur d'une « concinade ». — M. Chéruel, toujours si exact, a commis une erreur (*Mém. sur Nicolas Fouquet*, t. I, p. 56) lorsqu'il a placé au Louvre la scène de l'arrestation : dès la fin de l'année 1643, la cour avait quitté le Louvre pour le Palais-Royal donné par Richelieu au roi, et Mazarin, qui avait acheté l'hôtel Tubœuf (aujourd'hui la Bibliothèque), pouvait, au moyen d'une porte, passer en chaise d'une habitation à l'autre (*Journ. d'Ormesson*, cité par Loiseleur, p. 46, *des Problèmes historiques*).

La belle toile d'Horace Vernet repose sur une donnée à peu près aussi fausse : l'artiste a bien placé la scène au Palais-Royal, mais avec apparat, et sur le grand escalier, celui que descend l'*Éminence grise* de Gérôme. Or, les princes descendirent « par un petit escalier dérobé » où personne ne pouvait les rencontrer, et leur arrestation ne fut connue à Paris que lorsqu'ils étaient déjà rendus à Vincennes. — Le tableau d'Horace Vernet, première œuvre sérieuse de l'artiste, a fait partie de la célèbre Exposition de 1831 où se manifestèrent presque en même temps tous les grands artistes de notre école moderne. (V. p. 57.)

dans *sa* province, qui dans *sa* ville, qui dans *sa* bicoque. Pour la première fois peut-être, le duc de Bouillon ne se jette pas dans Sedan, mais il gagne sa vicomté de Turenne; son frère, l'illustre vicomte, s'enferme dans Stenay en prenant le titre bizarre de lieutenant général de l'armée du roi *pour la délivrance des princes;* La Force gagne le Périgord, Brezé l'Anjou, Tavannes Seurre, la duchesse de Longueville avec son aide de camp Marsillac, la Normandie (dont le duc était gouverneur titulaire). Ce fut, en un mot, une sécession véritable et que les événements devaient chaque jour accentuer davantage.

Non : ni Richelieu ni Mazarin n'eurent raison de l'aristocratie nobiliaire. Louis XIV seul sut la dominer par un moyen auquel ses prédécesseurs n'avaient pas songé : en la ruinant...

II

LA LANGUE FORMÉE

« La moindre caillette de ce temps écrivait mieux que nous », a dit Voltaire en parlant du milieu du XVIIe siècle. Au point de vue épistolaire, il y a du vrai dans cette humoristique exagération[1]. Mais le fait ne saurait évidem-

1. Encore faut-il la restreindre à quatre ou cinq personnes, dont Mmes de Sévigné et de La Fayette qui avaient pris des leçons de Ménage; les autres, « et des plus huppées », rédigeaient, orthographiaient et calligraphiaient comme nos plus humbles ménagères. M. Cousin le reconnaît; et au sujet d'une lettre tout à fait grotesque de la comtesse de Soissons, Olympe Mancini, M. Amé-

ment avoir qu'un intérêt purement chronologique. Une langue n'est pas l'œuvre des écrivains d'une époque, si accomplis qu'on les suppose, ni même d'un siècle entier. Elle est le résultat d'un *transformisme* dans la plus exacte acception de ce mot nouveau, c'est-à-dire qu'elle naît insensiblement de la lente et successive collaboration des siècles accumulés. Quand la mystérieuse gestation est accomplie, quand son heure est arrivée, quel que soit le milieu social, en dépit des événements, en dépit des princes et des manants, la langue est créée, elle existe, et son premier cri à la vie est la voix de la pleine virilité. A l'idiome italien puisant en quelque sorte directement dans le latin, il a fallu relativement peu de siècles pour se former. La *bella favèlla toscana* était faite dès la fin du XIIIe siècle, et, suivant la pittoresque expression de M. Villemain, le

dée Renée fait remarquer « qu'elle va de pair avec toutes les belles de son temps, et qu'il n'est pas besoin de lui chercher une excuse dans son origine italienne » (*Les nièces de Mazarin,* p. 184). La charmante Menneville, fille d'honneur de la reine, qui filait une double intrigue : avec le duc de Damville, pour le bon motif, avec Fouquet pour l'autre, aurait dû savoir conjuguer au moins le verbe « aimer ». Cependant, dans le billet que renfermait la fameuse cassette et qui la perdit, elle assure le surintendant de son amour en écrivant : *Je né me ré* que vous...

premier qui s'en servit la frappa en bronze pour la postérité. Ce premier, ce frappeur en bronze, fut Dante Alighieri. Mais qui songerait à entourer d'une auréole l'affreuse époque historique où, fuyant les déchirements de sa patrie, le grand proscrit vint composer ou terminer à Paris son immortel poème? Aux écrivains, et non à leur temps, revient la gloire des illustres écrits. Méconnaissez cette vérité, et vous serez entraîné dans l'erreur des contemporains qui couronnaient du même laurier Corneille et Desmaretz, Pradon et Racine, Chapelain et Boileau.

La langue française était à peu près faite dès la seconde moitié du XVIe siècle. Si un éditeur dégageait les grands pamphlétaires de la Réforme des archaïsmes de leur orthographe, on serait étonné de reconnaître la langue nerveuse de Pascal et de La Rochefoucault[1]. Catherine de Vivonne épousa le marquis de Rambouillet presqu'en même temps que le roi Henri IV, Marie de Médicis: en 1600. Elle avait douze ans, et

1. Il faut avouer qu'on n'en prend guère le chemin... Il y a aujourd'hui comme une recherche puérile (disons le mot!) à rééditer les auteurs avec l'orthographe de leur époque. C'est ainsi qu'à la maussaderie de la phrase filandreuse de Tallemant, M. Techener a cru devoir ajouter celle résultant de sa manière

il n'est pas à supposer qu'elle ait pu tenir à cet âge bureau de bel esprit. Il est d'ailleurs facile de constater par d'indiscutables monuments que, dès la fin du siècle précédent, on parlait en France, au moins dans les régions officielles, une langue élevée et correcte. Il faut reproduire encore une fois le discours prononcé par Henri IV aux États de Rouen en 1596 puisqu'il a, paraît-il, depuis longtemps disparu des Recueils destinés à former le goût des jeunes générations :

« Si je voulois acquérir le titre d'orateur, j'au-
« rois appris quelque belle et longue harangue,
« et je vous la prononcerois avec assez de gra-
« vité. Mais, Messieurs, mon désir me pousse à
« deux plus glorieux titres, qui sont de m'ap-
« peler libérateur et restaurateur de cet Estat.
« Pour à quoi parvenir je vous ai assemblés.
« Vous savez à vos dépens, comme moi aux
« miens, que lorsque Dieu m'a appelé à cette
« couronne, j'ai trouvé la France non seulement

d'orthographier qui — remarquons-le — passait déjà pour surannée au moment où il écrivait ; c'est ainsi que M. Lemerre nous a donné une édition des *Maximes* conçue dans le même esprit : n'est-il vraiment pas bien piquant de lire *aage* pour âge, *receu* pour reçu et *Bouquinquant* pour Buckingham ?

« quasi ruinée, mais presque toute perdue pour « les François. Par la grâce divine, par les prières « et par les bons conseils de mes serviteurs qui « ne font profession des armes; par l'épée de ma « brave et généreuse noblesse, de laquelle je ne « distingue point les princes, pour être notre « plus beau titre; foi de gentilhomme, par mes « peines et labeurs, je l'ai sauvée de la perte. « Sauvons-la, à cette heure, de la ruine. Parti- « cipez, mes chers sujets, à cette seconde gloire, « comme vous avez fait à la première. Je ne « vous ai point appelés, comme faisoient mes « prédécesseurs, pour vous faire approuver leurs « volontés. Je vous ai fait assembler pour « prendre vos conseils, pour les croire, pour « les suivre, bref, pour me mettre en tutelle « entre vos mains; envie qui ne prend guère « aux rois, aux barbes grises et aux victorieux. « Mais la violente amour que je porte à mes « sujets, l'extrême envie que j'ai d'ajouter ces « deux beaux titres à celui de roi, me font trou- « ver tout aisé et honorable [1]. »

1. Ce discours, souvent reproduit, est presque partout tronqué ou altéré. Le texte ici donné est emprunté à la belle *Histoire du règne d'Henri IV*, de M. Poirson (t. I, p. 309), qui l'a pris dans le P. Cayet. L'orthographe seule est modernisée.

Laissons de côté la pointe de gasconnade destinée à faire sortir l'argent des escarcelles épuisées, ne voyons que le fond : quelle netteté ! quelle correction ! et, en même temps, quelle verte allure ! Une seule expression a vieilli ; de nos jours, c'est seulement le pluriel d'*amour* qui peut être mis au féminin, et on évite de l'employer en prose. Mais pendant presque tout le XVIIe siècle, les deux genres ont prévalu, et nous trouvons encore dans Racine :

> Sous quel astre cruel avez-vous mis au jour
> Le malheureux objet d'une si tendre amour [1] ?

Nous savons tous que

> Enfin Malherbe vint, et, le premier en France,
> Fit sentir dans les vers une juste cadence.

Mais, au point de vue de la langue, quand vint-il réellement ? Nous le savons moins, car il vécut longtemps et sous deux règnes. Ses premiers vers connus remontent à 1585. Ses célèbres stances à son ami du Perrier sur la mort de sa fille sont de 1599. Je viens de les relire, et

1. *Iphigénie*, acte V, sc. III.

je suis loin de les trouver irréprochables au point de vue purement littéraire. Bien supérieure est sous ce rapport l'ode au sujet de l'attentat commis, en décembre 1605, sur la personne du roi. Le mouvement lyrique y est presque constamment soutenu sans exagération, et la plupart des strophes sont d'une facture presque moderne. Voici la première et la troisième :

Que direz-vous, races futures,
Si quelque fois un vrai discours
Vous récite les aventures
De nos abominables jours?
Lirez-vous sans rougir de honte
Que notre impitié surmonte
Les faits les plus audacieux
Et les plus dignes du tonnerre
Qui firent jamais à la terre
Sentir la colère des Dieux?

Quelles preuves incomparables
Peut donner un prince de soi
Que les rois les plus adorables
N'en quittent l'honneur à mon roi?
Quelle terre n'est parfumée
Des odeurs de sa renommée?
Et qui peut nier qu'après Dieu

Sa gloire qui n'a point d'exemples
N'ait mérité que dans nos temples
On lui donne le second lieu ?

L'ode au roi Louis XIII partant pour le siège de la Rochelle, en 1627, ne laisse, on peut dire, plus rien à désirer comme forme : c'est une œuvre véritablement moderne.

Tout le monde connaît le beau mouvement du début :

Donc un nouveau labeur à tes armes s'apprête :
Prends ta foudre, Louis !

Il ne faut pas croire que les écrivains de profession fussent seuls arrivés alors à ce maniement assoupli de la langue. On pourrait fournir de nombreux exemples du contraire. En voici un tout à fait charmant, qui remonte à 1606 ou 1608, et vient d'une femme. Le duc de Guise (fils du Balafré), que la clémence de Henri IV avait envoyé gouverner en Languedoc, captive et abandonne une bourgeoise de Marseille, célèbre par sa beauté[1]. Elle fait sur

1. Marcelle de Castellane, « filleule de la ville de Marseille ». Elle était fille de cette belle Châteauneuf que Charles IX avait

leur séparation des stances qui eussent sans doute paru bien terre à terre aux rimeurs prétentieux de l'hôtel de Rambouillet, mais qui sont pleines de grâce dans leur parfaite correction. Voici la première :

Il s'en va, ce cruel vainqueur,
Il s'en va plein de gloire,
Il s'en va méprisant mon cœur,
Sa plus noble victoire;
Et malgré toute sa rigueur
J'en garde la mémoire.

En 1627, c'est-à-dire en l'année même de l'ode de Malherbe au roi Louis XIII, un jeune homme qui n'avait jamais quitté sa province et ignorait sans doute comment on parlait à Paris, fait une comédie qui, représentée dans sa ville natale, révolutionne notre théâtre en ce qu'elle change complètement le langage de la scène, jusque-là rempli de boursouflures et de grossièretés. Le jeune homme est Corneille, et la pièce est *Mélite*. Lorsque fut jouée cette première œuvre du grand homme, que la Comé-

aimée. — « Le comte de Tonnerre l'avait fait peindre sur un trône et lui, humilié devant elle qui lui mettait le pied sur la gorge... » (Tallemant).

die-Française représente encore, Molière devait avoir sept ans; et trente ans séparent le début de Corneille du *Misanthrope*[1].

Mme de Motteville ne commence à la vérité que sensiblement plus tard (1643) ses intéressants Mémoires. Mais, personne modeste et de position toujours subalterne (elle ne put jamais s'élever au-dessus de celle de femme de chambre de la reine), elle ne dut fréquenter que de loin les nobles précieuses de l'hôtel de Rambouillet. Aussi son style ressemble-t-il à celui de tous les mémoristes du temps. Généralement diffus, on n'y sent aucune prétention. Elle s'élève cependant et devient véritablement écrivain dans ses morceaux de prédilection : tels sont

1. V. Loiseleur, *les Points obscurs de la vie de Molière*, p. 20. V. aussi Jules Levallois, *Corneille inconnu*. D'après Taschereau, dont l'opinion erronée fait depuis longtemps autorité (la 1re édition de son volume *Vie et ouvrages de Corneille* remonte à 1829), Corneille aurait été admis à l'hôtel de Rambouillet en 1640 pour y faire une lecture de *Polyeucte*. Mais cette tragédie, non encore terminée en 1642, ne fut représentée qu'en 1643 : point démontré d'une manière définitive, à l'aide d'un document nouveau, par M. Marty-Laveaux au tome X, p. 438-440 de son édition si complète des œuvres de Corneille. Il faut donc croire avec M. Albert Lias (V. plus loin, IVe part.) que c'est sa collaboration à la *Guirlande de Julie* qui ouvrit à l'auteur du *Cid* les portes du sanctuaire des *Précieuses*, en 1641.

ceux consacrés à la souveraine dont elle fut la fidèle servante. Sainte-Beuve cite avec raison ses différents portraits d'Anne d'Autriche, et M. Cousin reproduit, avec non moins de raison, ces lignes où se trouve effleurée d'une main si légère la délicate affaire Buckingham, qui valut tant de soucis à la royale dame :

« Le duc de Buckingham fut le seul qui eut « l'audace d'attaquer son cœur. Il était bien fait, « beau de visage; il avait l'âme grande, il était « magnifique, il était libéral et favori d'un grand « roi. Il avait tous les trésors à dépenser et « toutes les pierreries de la couronne d'Angle- « terre pour se parer. Il ne faut pas s'étonner « si, avec tant d'aimables qualités, il eut de si « hautes pensées, de si nobles, mais si dange- « reux et blâmables désirs, et s'il eut le bon- « heur de persuader à tous ceux qui en ont été « témoins que ses respects ne furent point im- « portuns... »

Cette dernière partie de la phrase est exquise et *respects* est ici un mot qu'une femme seule pouvait trouver.

Quand, en janvier 1653, Molière fit représenter à Lyon sa pièce de l'*Étourdi*, il courait la province depuis sept ans à la tête de sa troupe nomade[1]. Il avait quitté Paris pauvre jeune homme ignoré, n'ayant pour tout bagage intellectuel que les passables études faites au collège de Clermont. La langue dont il se servit pour écrire cette comédie, où se trouve le plus long rôle en vers qui existe au théâtre, n'était autre que celle qui se parlait couramment dans le centre de la France, que parcourait son chariot de Thespis. Les bonnes gens du Lyonnais et du Dauphiné ne connaissaient pas plus que l'auteur, les maîtres en beau langage qui professaient dans les ruelles. Eh bien, le « tout Paris » intelligent s'est porté, il y a quelques années, à la reprise de l'*Étourdi* au Théâtre-Français, et il lui a semblé entendre l'œuvre d'un contemporain sachant écrire couramment en vers.

La réalité est que l'élégante coterie de l'hôtel de Rambouillet fut beaucoup plus nuisible qu'utile à la langue française. C'est là que fleurirent l'ithos et le pathos de Vadius et Trissotin; et Walckenaer, bien entiché pourtant de ce cénacle où il croit toujours voir trôner Mme de Sévigné, son héroïne, estime qu'il ne faut pas

1. V. Loiseleur, ouvrage cité, qui fixe toutes les dates d'une manière qu'on peut dire définitive.

chercher ailleurs la cible des *Précieuses ridicules* de notre poète. M. Loiseleur incline à cette opinion. Je ne la partage pas. Madelon et Cathos (les noms sont à eux seuls un indice) me paraissent bien plutôt le type de ces bourgeoises qui veulent singer les belles dames et en prennent surtout les ridicules. Le personnage du père, Gorgibus, achève, ce semble, la démonstration. Telle paraît du reste avoir été l'impression dominante du temps, car Mme de Rambouillet, âgée de près de quatre-vingts ans, assista à la première représentation et parut fort se divertir. Mais chacun son tour : là où Molière s'en prend évidemment aux véritables précieuses, c'est dans les *Femmes savantes,* où toutes les prétentions, toutes les mièvreries de la « société polie » sont littéralement criblées.

C'est précisément parce que l'illustre marquise et son cénacle n'existaient plus alors (1672) que l'auteur, n'ayant plus à craindre le reproche des *portraits,* a pu exercer sans contrainte sa verve contre des ridicules qui s'étaient invétérés chez quelques illustres personnes. Sans la persistance de cette *préciosité* traditionnelle, que présenterait de plaisant le fameux projet de Philamnite (acte III, scène II)?

Mais le plus beau projet de notre Académie
Une entreprise noble et dont je suis ravie,
Un dessein plein de gloire et qui sera vanté
Chez tous les beaux esprits de la postérité,
C'est le retranchement de ces syllabes sales
Qui dans les beaux mots produisent des scandales,
Ces jouets éternels des sots de tous les temps,
Ces fades lieux communs de nos méchants plaisants,
Ces sources d'un amas d'équivoques infâmes
Dont on vient faire insulte à la pudeur des femmes...

. . . .

Évidemment ce n'est pas Mme de Rambouillet que visent ces vers puisque cette respectable dame avait, depuis déjà assez longtemps, cessé d'exister (1665). Mais ils visent ce qu'on pourrait appeler son *école*, cette école qui continuait l'épluchage de la langue et que certains mots faisaient, de mère en fille, tomber en syncope[1].

Reconnaissons-le donc : une fois formée, la langue d'un peuple n'est qu'un immense clavier qu'un facteur inconnu livre à la fantaisie des générations. Chacun est libre de faire courir

1. Tel était *Cul-de-sac*. Molière devait connaître cette anecdote que raconte Tallemant d'une noble dame pour qui l'hôtel de Rambouillet demeura fermé parce que, dans sa manie du possessif, elle avait dit, en parlant d'une impasse qui se trouvait près de sa demeure : *mon* cul-de-sac.

ses doigts sur les touches sonores, mais chacun fait vibrer ces touches à sa *manière*, et c'est cette manière distincte qui s'appelle « le style. » Mlle de Scudéry et sa phrase interminable sont contemporaines de Mme de Sévigné et de sa phrase primesautière ; Pascal aurait pu échanger ses Provinciales ailées avec les épîtres alambiquées de Voiture. Mais Corneille et Molière ont pu sans disparate écrire ensemble *Psyché*, comme Retz et La Rochefoucault étaient faits pour exécuter un morceau d'ensemble autrement que dans une émeute où l'un faillit tuer l'autre [1].

Par ainsi, comme disaient encore ces illustres virtuoses, la langue des prétendues caillettes de 1650, restée celle du monde civilisé, ne sort ni de la ruelle vieillissante d'Arthémise, ni de l'académie naissante de Richelieu ; elle est l'œuvre collective des années accumulées, et c'est par façon de parler que, pour donner une date à son éclosion terminale, on l'appelle couramment la *langue du dix-septième siècle* [2].

1. Voir plus loin, p. 59.

2. Cette opinion est, en définitive, celle de M. Cousin, lorsqu'il place la période d'éclosion finale de la langue française entre 1635 et 1640.

III

LES MŒURS ADOUCIES

EST-IL vrai, est-il plus vrai que dans les galantes réunions de l'hôtel de Rambouillet, du Palais-Cardinal et de l'hôtel de Condé les mœurs se transformèrent peu à peu, s'adoucissant en se purifiant? — C'est là une sorte d'article de foi dans le monde des gens bien élevés. Personne plus que M. Cousin n'a contribué à propager cette idée par le succès de ses monographies du XVIIe siècle. Négligeant comme de coutume ce qui le gêne, il ne fait aucun état de ces paroles de Mme de Motteville dans le portrait qu'elle trace d'Anne d'Autriche : « La reine désapprouve infiniment la manière rude et incivile du temps présent ; et, si les jeunes gens de ce siècle suivaient ses maximes, ils seraient plus gens de bien et plus polis qu'ils ne sont... » La préface de la clef du *Grand Cyrus*[1] est un véritable traité sur la fusion des classes par les belles-lettres et les belles manières. Avant M. Cousin, M. Rœderer avait développé la même thèse dans son mémoire sur la *Société polie en France*[2] ; et l'érudit Walckenaer, qui a épinglé toute une période de notre histoire aux manchettes de Mme de Sévigné, son héroïne adorée, ne se lasse pas d'exposer les progrès moraux accomplis autour d'elle, par elle, ou avec elle. On peut voir au second chapitre du premier volume de son ouvrage, aujourd'hui trop négligé[3], la scène pittoresque, brillant déca-

1. Je veux parler de *La Société française au* XVIIe *siècle, d'après le grand Cyrus*, le plus curieux peut-être, mais le moins amusant des romans historiques de l'illustre écrivain. La même thèse se retrouve dans *La Jeunesse de madame de Longueville*, d'une lecture si entraînante, et partout dans les autres ouvrages sur la même époque.

2. Imprimé en 1835, à un petit nombre d'exemplaires. — Ne se trouve pas en librairie.

3. *Mémoires touchant la vie et les écrits de Marie de Rabutin Chantal, dame de Bourbilly, marquise de Sévigné, du-*

méron, où sa complaisante imagination groupe l'élite de la société d'alors pour entendre, dans la chambre bleue de « l'incomparable Arthémise[1] », la lecture de *Théodore, vierge et martyre,* du grand Corneille. Le tableau est plein de vie; on s'y laisse prendre...

Mais non : conventions! conventions que tout cela! Illusions d'hommes de lettres. Ces jolis seigneurs qui étendaient avec désinvolture leurs manteaux sur le parquet pour s'asseoir aux pieds des belles dames, n'étaient que frottés de politesse; sous leurs galantes et complimenteuses manières, ils avaient pour la plupart conservé les habitudes à la fois madrées et féroces inoculées à la noblesse française par les Médicis mâtinés de Valois. Ils alternaient de « petits vers doux »; ils se frottaient aux gens de lettres; Balzac, Conrart, Voiture, Ménage, Chapelain étaient de leurs amis : mais beaucoup à la ma-

rant la Régence et la Fronde, 5 vol. Toutes les citations de Walckenaer qui vont suivre se réfèrent à la 2e édition de cet ouvrage.

1. Comme dit Fléchier dans son oraison funèbre... Ce nom était si bien devenu celui de Mme de Rambouillet que Mlle de Scudéry ne pouvait s'en servir comme pseudonyme dans le *Grand Cyrus* : aussi la marquise y est-elle appelée *Cléomire* (d'après la clef de M. Cousin).

nière des fous ou des nains dont les rois toléraient autrefois les familiarités. Parlant de Voiture qu'il paraissait aimer beaucoup, et qui avait l'esprit fort osé, Condé disait : « Il serait insupportable s'il était de notre condition... » M. Cousin qui reproduit le mot à l'appui de sa thèse favorite, ne paraît pas en avoir saisi la portée significative. Il faut donc le dire : au moindre abandon, à la moindre licence autre que poétique de leurs amis les lettrés, nos gentilshommes redevenaient de la race des dieux, faisaient bâtonner et parfois mutiler leurs prétendus confrères en Apollon.

Que chacun tire la moralité de cette histoire : Bussy-Rabutin, l'un des plus marquants de ces nobles amis de la littérature, car il est véritablement écrivain, au moins dans son trop célèbre livre de l'*Histoire amoureuse des Gaules*; Bussy exilé depuis huit ans, et ne comptant pour ainsi dire plus, apprend par les nouvellistes que Boileau aurait l'intention de le faire figurer nominativement dans une de ses satires alors fort en vogue. Il lui serait pénible d'avoir maille à partir avec un écrivain déjà haut placé comme Boileau; aussi veut-il prudemment tout faire pour éviter pareille extrémité.

Il prend donc son élégante plume de correspondant de Mme de Sévigné et s'adressant à un ami commun, le P. Rapin, de la Compagnie de Jésus, homme de lettres lui-même, il le prie d'intervenir. Son épître, vrai chef-d'œuvre d'insolence doucereuse, se termine par cet alinéa :

« Je vous avouerai donc, mon R. P., que « vous me ferez plaisir de m'épargner des vio- « lences, à quoi pareille insolence me pousserait « infailliblement ; j'ai toujours fort estimé l'ac- « tion de Vardes qui, sachant qu'un homme « comme Despréaux avait écrit quelque chose « contre lui, lui fit couper le nez ; je suis aussi « fin que Vardes et ma disgrâce m'a rendu plus « sensible que je ne serais si j'étais à la tête de « la cavalerie légère de France [1]. »

Ces lignes sont, on le voit, doublement édifiantes, car elles nous apprennent que Vardes, le trop charmant Vardes, le préféré de l'illustre Henriette ; que Vardes enfin, — et c'est tout dire, — joignait à toutes ses *finesses* celle de faire couper, comme un chef éthiopien, les nez qui se

1. Hippolyte Babou, *Les Amoureux de Mme de Sévigné et les femmes vertueuses du grand siècle*, p. 364. — On sait que Bussy était titulaire de la charge de mestre de camp de la cavalerie légère.

frottaient trop familièrement au sien. Mais lui du moins ne mettait pas l'orthographe, tandis que Bussy fut de l'Académie française[1].

Continuons et, sortant du cercle des beaux esprits, essayons de dégager d'un ensemble de faits la moyenne de la civilisation d'alors. Commençons par la reine.

Malgré les paroles tout à l'heure empruntées à Mme de Motteville, et ses belles langueurs, croit-on qu'Anne d'Autriche répudiât entièrement les traditions de son époque? Presque tous les écrits du temps s'accordent sur ces points relatifs à Condé: lors de son arrestation en 1650, la première pensée qu'il manifesta fut que sa vie était menacée; s'il quitta Paris précipitamment dans la nuit du 5 au 6 juillet 1651 pour se jeter dans la guerre civile, c'est qu'il fut prévenu par un billet que son hôtel allait être attaqué, et que cette fois on en voulait décidément à sa personne. N'oublions pas enfin que, parlant à Retz de l'absence du prince au sacre du jeune roi, Anne lui avait dit ces mots significatifs: « M. le prince

1. François René du Bec, marquis de Vardes, pouvait bien descendre d'Henri IV, car il était fils de la comtesse de Moret. Nous retrouverons plus loin ce grand conquérant qui en fit tant que la plus belle partie de sa vie s'écoula en exil.

périra ou je périrai... » Voyons-la dans le tableau d'Ary Scheffer dont le sujet est tiré des Mémoires de Retz. Le coadjuteur vient avec des parlementaires demander à la reine l'élargissement du conseiller Broussel dont l'arrestation soulève Paris. Lui montrant les poings avec une énergie de royale furie que l'artiste n'a pas osé exprimer : « J'aimerais mieux, répondit-elle, l'étrangler de mes propres mains plutôt que de le rendre à la liberté[1]. »

Presque toutes les femmes marquantes du temps étaient, d'ailleurs, fort capables de violence. En 1643, au moment de la cabale des *Importants* — avant-coureur de la Fronde — au

1. Elle lui mit, disent les Mémoires, les deux poings fermés sous le nez, à le toucher. — Ce qui n'empêche pas d'ailleurs qu'il existe un autre tableau (de Steuben) où on la voit, conseillée par Mazarin, accorder à Mathieu Molé cet élargissement.

Ces deux œuvres, comme celle de Vernet tout à l'heure rappelée, ont fait partie d'une série que le roi Louis-Philippe, encore duc d'Orléans, avait commandée aux jeunes artistes du temps, vers 1829 et 1830. Ils devaient tous représenter des scènes historiques ayant eu le Palais-Royal pour théâtre. C'est ainsi que l'une de ces toiles (de Gosse) représente le prince lui-même, reprenant possession du palais, à sa rentrée d'émigration en 1814. La scène se passe, comme celle imaginée par Vernet et par Gérôme, sur le bel escalier, chef-d'œuvre architectural de Coutant d'Ivry. Cet escalier subsiste encore heureusement aujourd'hui.

plus beau moment de l'hôtel de Rambouillet, M. de Chevreuse et de Montbazon avaient comploté avec le duc de Beaufort l'assassinat de Mazarin. — Mais revenons au sexe fort.

Un homme qui est la seule illustration de son antique race, dont tout le bagage d'immortalité se résume en deux volumes, et qui cependant, dans sa pénombre, nous apparaît presque aussi grand qu'un Montmorency, La Rochefoucauld enfin, devient l'amant déclaré d'une princesse qui passait pour la personne la plus accomplie de son temps. Il l'entraîne dans les plus funestes égarements : la rupture avec son mari et avec son frère, la révolte à main armée contre son roi, la ruine de sa fortune ; puis, tout à coup, se brouillant avec elle pour une affaire de galanterie, il devient son plus cruel ennemi et la traîne sur la claie de l'histoire, en des pages vainement désavouées, que son style a condamnées à l'immortalité. Telles sont, mesdames, les mœurs *chevaleresques* de l'époque que vous avez appris à admirer ; telle fut la conduite de celui dont on disait sans doute dans le style du temps : « Il est fort honnête homme[1]. »

1. V. l'introduction à la *Jeunesse de madame de Longueville*, de M. Cousin. Devant sa discussion le doute n'est plus permis quant

Sa conduite politique fut d'ailleurs à l'avenant. Ce plus démonstratif des *Importants* fut le plus ardent à pousser au désarmement de la première Fronde, moyennant d'énormes avantages stipulés pour lui par le naïf Conti, frère de sa maîtresse ; et, à quelqu'un qui s'étonnait de l'avoir vu un peu prématurément dans le carrosse de Mazarin, il répondit par ce mot depuis si souvent utilisé : « Tout arrive en France ! »

Entre autres faits peignant les mœurs du temps, La Rochefoucauld raconte dans ses Mémoires que son « carrosse fut attaqué trois fois sans qu'on ait pu savoir quelles gens avaient pris part à ces fréquentes rencontres. » Mais il ne paraît pas douter que Retz ne soit l'auteur de ces guet-apens. Ce fut sans doute pour lui rendre « galamment » la monnaie de sa pièce que, dans une des scènes affreuses dont le Palais de Justice fut le théâtre, il entreprit d'écraser le coadjuteur entre les deux portes massives de la grande chambre du Parlement[1].

à l'authenticité de certains passages que La Rochefoucauld a depuis voulu désavouer.

1. Retz fut sauvé par Champlatreux, fils du président Molé, qui parvint à le dégager. Le fait se trouve rapporté dans tous les mémoires du temps.

Retz énonce dans ses Mémoires que des tentatives de violence furent faites sur sa personne par les agents de la cour. Lorsque l'abbé Fouquet (séide de Mazarin, que nous allons tout à l'heure retrouver) fut chargé de l'arrêter, l'un des exempts se trouvait muni d'un ordre signé du roi, portant commandement de le tuer en cas de résistance.

Craignant malgré l'intrépidité de son caractère, de finir par succomber aux sinistres rencontres, il se réfugie à l'archevêché et s'y cantonne, entouré de ses gentilshommes, armés jusqu'aux dents. Une femme haut placée, jouissant de la plus grande considération, depuis longtemps son amie, la duchesse de Lesdiguières, vient le voir et lui demande le plus naturellement du monde pourquoi il ne se présente plus à la cour. « Parce que je crains d'être arrêté, reprend le singulier pasteur. — N'est-ce que cela, dit la duchesse? alors vous pouvez aller rendre votre visite : je connais le dessous des cartes. » Retz, confiant, se rend dès le lendemain au Louvre, et il se voit aussitôt arrêté et conduit à Vincennes. Telle était alors la sûreté des relations dans les rangs les plus élevés de la société[1].

1. V. Chéruel, *Mém. sur Nic. Fouquet*, t. I, p. 214 et suiv.

J'ai parlé tout à l'heure de Bussy, dont les débuts dans la vie avaient été si brillants. Nul doute qu'il ne fût parvenu à tout sans l'indiscrétion ou plutôt la trahison de l'une de ses maîtresses, Mme de la Beaume, qui le fit reconnaître pour auteur de l'*Histoire amoureuse des Gaules*; et cependant Bussy avait à son casier l'enlèvement de Mme de Miramion (1649). Tout le monde connaît cette dramatique aventure, que la vertueuse énergie de la bourgeoise fit tourner à la confusion du gentilhomme rapace. Mais ce qu'on ne sait pas assez, c'est que le prince de Condé fut le complice du ravisseur, qui appartenait alors à son parti et entrava longtemps l'instruction de l'affaire. Enfin, ce qui achève de peindre les hommes et l'époque, c'est que plus de trente ans après, Bussy, sollitant un procès important, eut l'audace, en même temps que la platitude, de se faire présenter à la sainte fondatrice des *Miramiones*, pour obtenir son intercession près de son gendre, le président de Nesmond.

Chabot, piètre gentilhomme, *Rohannisé* de la veille, « qui était aussi à M. le Prince », rencontre (1652) dans la ruelle de Mme de Sévigné, le marquis de Tonquedec, noble breton du parti du roi. Tonquedec ne s'incline qu'à demi, ne soulève qu'à demi son feutre, n'offre pas la place qu'il occupe au chevet de la dame. Dès le lendemain, poussé par sa femme, le nouveau duc se présente chez la marquise, entouré d'une bande d'amis, pour y retrouver Tonquedec et lui faire un mauvais parti[1].

Gourville, le pacifique Gourville, n'est-il pas connu de tous ceux qui lisent les lettres de Mme de Sévigné? Eh bien, cet homme de mœurs en apparence si douces, raconte tranquillement dans ses Mémoires, que, se trouvant (1653) désœuvré aux environs de Paris qu'il avait dû quitter comme appartenant au parti des princes, il eut idée de tendre un piège à quelque riche homme du parti de la cour pour en tirer rançon. Il parvint à capturer Burin, directeur des postes, et ne le relâcha que contre 40,000 livres.

De nos jours, n'est-ce pas chez les brigands de la Calabre ou de la Grèce qu'il faut se fourvoyer pour trouver de pareilles mœurs?

Elles sont cependant alors à peu près générales en France, et pendant une trop longue

1. V. dans Walckenaer, t. I, p. 456, la suite de cette histoire qui peint si bien la *Société polie* du temps.

période. En 1657, la Fronde terminée, Condé, le vainqueur de Rocroy et de Lens, devenu généralissime des armées d'Espagne, et vivant en Champagne comme en pays ennemi, entreprend en grand cette chasse à l'homme, imaginée comme passe-temps par Gourville. Le fait résulte d'une circulaire signée *Louis de Bourbon*, découverte aux manuscrits de la Bibliothèque[1]. Dans ce curieux document, Louis de Bourbon fait des catégories et indique à ses soudards ceux qu'ils doivent laisser passer, et ceux sur qui ils peuvent courir.

Ouvrez *Madame de Longueville pendant la Fronde*, de M. Cousin, et lisez tout le chapitre V, qui traite de l'insurrection bordelaise : vous verrez le patriotisme du bourgeois sortir enfin des gonds, le panégyriste devenir enfin historien, pour traîner devant le tribunal de la postérité le prince, qui, malgré les avis de ses conseillers terrifiés, s'associait de loin à toutes les horreurs commises par la faction de l'*Ormée*, se réservant cyniquement de l'écraser quand il n'en aurait plus besoin.

1. V. Feillet, *La misère au temps de la Fronde et saint Vincent de Paul*, p. 466 et *pass.* J'aurai fréquemment recours à ce livre qui est d'une importance capitale.

Voici qui est encore plus curieux, comme trait de mœurs, car la chose se passe en 1658, c'est-à-dire à une époque où, la guerre étrangère touchant à sa fin, après la guerre civile terminée, le principe d'autorité aurait dû être à peu près rétabli :

L'abbé Fouquet, frère du surintendant, avait joué un assez grand rôle pendant la Fronde, où il s'était fait remarquer par son dévouement et son énergie à servir la cause du roi. Après la pacification, il était resté comme le bras droit du cardinal pour toutes les affaires de police. Ce personnage entreprenant, que nous retrouverons, s'était lié avec un des seigneurs les plus brillants et les plus corrompus de l'époque, Vardes, que nous venons d'entrevoir. Vardes recherchait en mariage Mlle de Nicolaï, à cause de sa grande fortune, et prétendait l'emporter de haute lutte. Les Nicolaï, alliés aux principales familles de la robe, se montrèrent peu favorables à cette union. Les Molé-Champlatreux soutinrent les Nicolaï, et comme on redoutait les surprises, on mena Mlle de Nicolaï chez le président Champlatreux, dont l'hôtel paraissait un asile inviolable. Vardes, irrité, s'en plaignit à l'abbé Fouquet, qui disposait encore de la puissance occulte de la police. L'abbé se concerta avec un autre seigneur, aussi brillant et aussi présomptueux que Vardes, le duc de Candale, fils du duc d'Épernon. Candale était colonel des gardes françaises. Il leur fit prendre les armes. Les gardes partirent de leur quartier tambour battant et vinrent entourer l'hôtel du président de Champlatreux, qui était situé sur la place Royale. C'était à cette époque l'endroit le plus brillant et le plus fréquenté de Paris; on peut juger du bruit que fit ce mouvement de troupes. La magistrature tout entière prit parti pour le président de Champlatreux. Le cardinal, averti, s'empressa de faire ramener les troupes et adressa des reproches à l'abbé Fouquet[1].

Très bien pour ce dernier, mais l'histoire ne nous dit pas la part faite à l'autre. On cherche vainement un billet où, avec le correctif de la rhétorique polie du temps, le premier ministre aurait dit à peu près ceci au fils du célèbre d'Épernon :

1. Ce récit est emprunté à la p. 387 du t. I des *Mém. sur Nicolas Fouquet* de Chéruel.

« Monsieur,

« Je suis votre passionné serviteur et je vous baise les mains. Mais, au nom du roi, je vous prie humblement de vouloir bien me faire la grâce de vous rendre pour un mois à la Bastille. »

Après une pareille série de faits où le cynisme le dispute à la brutalité, sera-t-il permis de continuer à s'extasier sur cette heureuse transformation des mœurs, accomplie par les lettres et le commerce des femmes? — Que dire de la probité, de la dignité, de l'ensemble des sentiments qui, dans nos sociétés contemporaines, constituent ce qu'on nomme le respect de soi-même? Henri IV, dans sa hâte bien intentionnée de mettre la paix en son royaume, avait commis l'imprudence d'acheter à beaux deniers tous les chefs ligueurs, au lieu de les exterminer ou au moins de les expulser de France. M. Forneron, qui loue cette politique dans son important ouvrage, estime à 32 millions de livres, somme énorme pour l'époque, l'argent que le roi versa en ces mains humblement tendues de toutes parts. « Sauf le duc d'Aumale, tous accoururent besogneux, souples, impatients de se montrer des courtisans aussi soumis qu'aux beaux jours de François Ier. Le roi vit arriver même la fière Catherine de Guise, même le duc de Guise[1]. »

Un point important me paraît échapper à cette appréciation du savant écrivain : en apprenant ainsi la mendicité à la noblesse française, en l'éduquant au cynisme de la vénalité, le Béarnais ne préparait-il pas inconsciemment cette odieuse période de la Fronde, drame éhonté, où chacun des acteurs parut avoir une pistole d'Espagne à la place du cœur?

La Fronde fut, en effet, avant tout, de la part des grands, une chasse à l'écu, ce que nous appelons une *affaire d'argent*. « L'intérêt, l'intérêt, dit M. Cousin, voilà, à bien peu d'exceptions près, le mobile unique de l'aristocratie dans la Fronde[2]. » Anne d'Autriche, soigneusement tenue à l'écart des affaires par Richelieu, était d'une ignorance si enfantine de toute chose administrative, que, lorsqu'elle prit les

1. La célèbre duchesse de Montpensier, sœur du Balafré, et Charles, son fils, 4e duc de Guise. V. Forneron, *Les Ducs de Guise et leur époque*, t. II, p. 416 et *pass.*

2. *Madame de Longueville pendant la Fronde*, p. 2.

rênes de l'État, elle commença par donner les *cinq grosses fermes* à la Beauvais qui, aussi ignorante que sa maîtresse, accepta le cadeau sans sourciller. L'incident divertit fort la cour, et la reine finit par en rire elle-même[1]. Il semblait à cette nouvelle émancipée que son rôle devait consister surtout à faire des largesses : « On ne refusait rien, » dit Retz; et La Feuillade ajoute : « Il n'y avait plus que quatre mots dans la langue française : « La reine est si bonne... » C'est parce que Mazarin, une fois en possession de l'autorité, voulut mettre un frein à cette débauche de libéralités que les mécontentements commencèrent à se produire.

Enfin, que penser d'une époque où c'étaient les hommes qui ruinaient les femmes[2]? Tallemant est rempli d'histoires de ce genre, et on a

1. L'anecdote est racontée dans les lettres de la princesse Palatine, mère du Régent, qui la tenait d'un contemporain. Ce que l'on nommait alors les *Cinq grosses fermes* représentait quelque chose comme la régie des tabacs ou la douane de nos jours. — Mme ou Mlle de Beauvais, première femme de chambre de la reine, fut une puissance redoutable à Mazarin lui-même, qui parvint à la faire exiler — mais pas pour plus d'une année, tant elle avait su se rendre indispensable.

2. Tallemant; *Historiette de mesdames de Rohan*, t. III, p. 74.

beau dire, un chroniqueur ne saurait inventer de toutes pièces en pareille matière. Ainsi, d'après lui, trois hommes des plus brillants du temps tirèrent des sommes énormes de la vieille et riche duchesse de Rohan : Miossens, qui devint plus tard le maréchal d'Albret, Vardes et Jarzé, tous trois appartenant à la coterie des « petits-maîtres » qui servait de cour au duc d'Enghien.

Cessons donc une bonne fois de ne voir le milieu du XVIIe siècle qu'à travers les chansons, les équipées galantes; les belles chevauchées faisant flotter au vent longues plumes et chevelures dénouées. Si nous voulons comprendre ce temps dans toutes ses manifestations intellectuelles ou morales, il faut absolument sortir de l'histoire conventionnelle et entrer dans l'histoire réelle. Essayons.

III

L'ENVERS
D'UN GRAND SIÈCLE

L'ENVERS D'UN GRAND SIÈCLE

I

BOSSUET, VOLTAIRE ET M. COUSIN HISTORIENS DE LA FRONDE

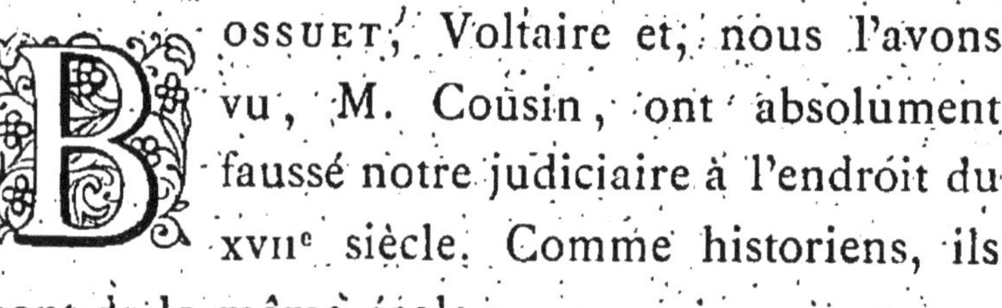

BOSSUET, Voltaire et, nous l'avons vu, M. Cousin, ont absolument faussé notre judiciaire à l'endroit du XVIIe siècle. Comme historiens, ils sont de la même école :

> Glissez, mortels, n'appuyez pas....[1]

1. On remarquera que, contrairement à un usage invétéré, j'évite d'attribuer à Voltaire ce vers souvent cité. Voici, en

Bossuet avait trouvé la chose avant le mot, et M. Cousin a pratiqué la chose en dédaignant le mot, trop frivole pour sa gravité d'académicien consulaire. Pour ces aristocrates de la pensée, le peuple n'existe pas, et les grands n'ont jamais tout à fait tort. Planant toujours dans l'empyrée, ils n'entendent de la foule ni les gémissements de douleur ni les cris d'indignation; ils ne voient des heureux de la terre ni les vices, ni les hontes, ni les crimes. « Le rude hiver des années dernières acheva de la dépouiller de ce qui lui restait de superflu; tout devint pauvre dans sa maison et dans sa personne...» Voilà ce que Bossuet trouve à dire de la misère au temps de la Fronde dans l'oraison funèbre de *très haute et très puissante princesse Anne de Gonzague et de Clèves, princesse de Mantoue et de Montferrat, comtesse palatine du Rhin.* Et encore s'agit-il seulement de louer la charité de la noble dame.

effet, la jolie stance qu'il termine et qu'on chercherait vainement dans les œuvres complètes de l'universel écrivain :

Sur un mince cristal l'hiver conduit leurs pas;
Le précipice est sous la glace :
Telle est de vos plaisirs la légère surface!
Glissez, mortels, n'appuyez pas.

Si, jeune religieuse, elle quitte son couvent d'Avenai, c'est parce que des circonstances de famille firent qu'elle « vit le monde et en fut vue ; » ce n'est pas parce qu'elle devint la maîtresse de son évêque, Henri de Guise (v[e] duc), qui en fit lestement la conquête dans ses tournées pastorales[1]. Si, abandonnée par son infidèle, le plus grand polygame de l'histoire, elle se jeta dans toutes les intrigues de la Fronde, mêlant, comme ses pareilles, la politique à l'amour, ce n'est évidemment pas par sa faute, c'est simplement « parce que la cour veut toujours unir les plaisirs avec les affaires » et que, « par un mélange étonnant, il n'y a rien de plus sérieux, ni ensemble de plus enjoué[2]. »

Prenons Condé[3] : « Il avait pour maxime que, dans les grandes actions, il faut unique-

1. V. Forneron, Ouvrage cité, t. II, p. 430.

2. M. Cousin dit : « L'oraison funèbre de la princesse Palatine *mérite une entière confiance, bien entendu le ton du panégyrique admis,* » — phrase charmante qui aboutit à ceci : Comme fiction, c'est exactement vrai. — Quelqu'un n'a-t-il pas défini les oraisons funèbres de Bossuet : l'honneur de la langue, la honte de la chaire?...

3. *Oraison funèbre de Louis de Bourbon*, éd. Didot, p. 243 et 247. — Celle de la princesse Palatine se trouve à la p. 153.

ment songer à bien faire et laisser venir la gloire après la vertu. De là vient qu'il mettait sa gloire dans le service du roi et le bonheur de l'État », phrase d'une généralité telle qu'on a de la peine à lui trouver un sens... Quant à ce qui est de la Fronde, quelques mots vagues « pour n'en plus parler jamais... »

« Ainsi, ce prince qui, enivré de ses premiers triomphes de Rocroy et de Lens, voulut tirer à lui toute la France; ce double félon qui entreprit de placer son pays comme dans un étau entre l'Espagnol en Artois et l'Anglais en Guyenne[1]; celui qui, la guerre civile terminée, continua à camper au milieu de la France à la tête de ses bandes de pillards espagnols; celui dont Coligny, qui fut longtemps son serviteur, a écrit les hontes privées sur les marges d'une Bible... celui-là, parce qu'il a su faire pénitence dans les dernières années de sa vie, n'est plus aux yeux de l'histoire ainsi comprise que le grand capitaine devant qui s'incline aujourd'hui notre admiration...

Pour Voltaire, « les Français se précipitèrent

1. V. *Madame de Longueville pendant la Fronde*, p. 280 et suiv.

dans les séditions par caprice et en riant. Les femmes étaient à la tête des factions. L'amour faisait et rompait les cabales. » En un mot,

> Pour mériter son cœur, pour plaire à ses beaux yeux,
> J'ai fait la guerre aux rois, je l'aurais faite aux dieux.

Voilà toute la Fronde aux yeux de l'auteur du *Siècle de Louis XIV*.

M. Cousin voit les choses d'une manière moins superficielle, il faut le reconnaître. Il apprécie le côté politique de la Fronde bien plus sainement que M. de Saint-Aulaire, qui en fait une sorte de préface de la Révolution française ; il en démontre l'inanité sociale ; et sans doute son esprit mourant, comparant cette insurrection de la plus haute aristocratie à celle de notre prolétaire Commune, a dû reconnaître qu'au point de vue des idées, l'une fut aussi dépourvue que l'autre. Mais, si personne n'a su mieux que lui démêler l'écheveau de cette triple et quadruple intrigue, il est facile de comprendre qu'il s'intéresse seulement aux belles ou nobles mains qui l'ont emmêlé : c'est-à-dire à cinq ou six personnes. On voit bien Mazarin aller et venir, quitter la France et y rentrer ;

Mme de Chevreuse faire à peu près de même, et de plus manquer de se noyer en gagnant l'Angleterre; on voit bien Mme de Longueville livrée à une foule de combinaisons que la princesse Palatine déjà nommée dénoue avec une rare adresse; on voit une certaine jaunisse de la reine attribuée à tort au cardinal [1]... Mais quant à la Fronde elle-même, la Fronde telle que nous la montrent les innombrables Mémoires et manuscrits du temps, dépouillés et résumés par Walckenaer, Loiseleur, Chéruel et Feillet, on la cherche vainement; et si on la trouve, c'est faussée et dénaturée, embellie et fardée. Dans son ardeur à initier les générations contemporaines aux beautés transfigurées du *Grand Cyrus*, l'adorateur de Mme de Longueville s'écrie : « Il ne s'agit plus de la Perse, de la Cappadoce, de l'Arménie, de héros et d'héroïnes fantastiques; il s'agit de la France à la plus belle époque de ses annales; il s'agit de son plus grand capitaine et de ses dignes compagnons; d'une femme illustre, l'idole de son temps (Mme de Longueville naturellement), de

1. *La giallezza cagionata da soverchio amore.*— V. l'histoire de cette jaunisse fourvoyée dans les *Problèmes historiques* de Loiseleur, p. 34 : elle est typique...

femmes aimables et spirituelles, la parure de la société française... » Voir la suite du dithyrambe à la page 23 du premier volume de l'*Histoire de la société française*. Par un procédé de rhéteur familier à Bossuet, l'auteur transpose au milieu du siècle, pour l'en glorifier, les belles réformes qu'avaient accomplies à son début Henri IV et Sully : toujours la même sophistication dont Voltaire a donné l'exemple dans l'intitulé de l'ouvrage qui demeurera le chef-d'œuvre de sa prose [1].

Eh bien, il faut savoir effacer toutes ces choses enchanteresses de notre esprit charmé et voir enfin la réalité. Par les faits, par les mœurs, par les calamités publiques, le milieu du XVIIe siècle, l'époque de la Fronde, est une des plus lamentables périodes de notre histoire. On a pu l'ignorer jusqu'à ces dernières années ; mais depuis que M. Feillet, dans son infatigable enquête à travers les archives départementales, a mis au grand jour de la publicité tant de pièces manuscrites, inconnues le plus souvent à leurs détenteurs ; depuis qu'il a révélé l'œuvre d'orga-

1. On pourrait appliquer aux monographies historiques de M. Cousin, ce qu'il a dit des Mémoires du XVIIe siècle : « A force de les admirer, on finit par les croire.... »

nisation charitable d'un homme de génie dans lequel on ne voyait généralement qu'un brave prêtre, très laid, ramassant les enfants abandonnés au coin des bornes ; depuis enfin que la vérité est là, sous la main, dans toute son horreur, il n'est plus permis d'en détourner les yeux pour s'en tenir aux brillantes, mais superficielles conceptions qui ont illusionné notre jeunesse.

II

LA RÉALITÉ HISTORIQUE

QUANT A LA FRONDE

Guerre, peste et famine : ces trois mots, a dit un écrivain, résument l'histoire de l'ancien régime. Mais ils résument surtout l'histoire de l'époque que nous étudions. On peut affirmer, en effet, que la France fut la proie continue du triple fléau pendant tout un quart de siècle : de l'invasion espagnole, en 1636, à la paix des Pyrénées, en 1660.

Qui connaît aujourd'hui Corbie autrement que comme une station du chemin de fer du Nord? Eh bien, l'année 1636 s'appela longtemps l'*année de Corbie;* année d'épouvante et d'effroi, où, Corbie prise par le redouté Jean de Werth et ses bandes sauvages, une partie de la population de Paris, moins brave que de nos jours, se précipita sur la route d'Orléans comme si l'ennemi eût été déjà dans sa banlieue du Nord. A partir de cette époque, la France fut à feu et à sang, et il faut ajouter *à peste;* car l'épidémie de 1631, qui n'était pas entièrement finie, reprit avec une nouvelle intensité à la suite de cette invasion, et joignit sa consternation à celle de la guerre. Les hôpitaux étaient bondés de malades; morts et mourants gisaient dans le même lit; médecins et religieuses succombaient au fléau; et le riche revenu de l'Hôtel-Dieu ne pouvait suffire au quart de sa dépense[1].

Quand, cheminant près d'un de nos jeunes fantassins, on regarde sa sympathique figure et sa tenue correcte, l'esprit remonte involontairement vers le passé et se demande ce qu'était le soldat il y a seulement deux siècles? — Il personnifiait la guerre dans toute son antique horreur : il était l'un des fléaux de Dieu. Nous

1. V. Feillet, ouvrage cité, p. 25 et à l'appendice.

voyons l'œuvre de Callot l'immortaliser dans l'épouvante qu'il inspirait aux populations; et La Fontaine, en sa fable célèbre, le place au nombre des misères humaines qui peuvent décider un homme à faire appel à la mort. Quelle terrible philosophie de l'histoire dans ces trois vers que notre enfance a récités sans en comprendre la portée :

> Sa femme, ses enfants, les SOLDATS, les impôts,
> Le créancier et la corvée
> Lui font d'un malheureux la peinture achevée...

Oui, tout, même la femme et les enfants, était alors fardeau pour le peuple, et dans la belle *illustration* de G. Doré, ce dessinateur de génie, ce n'est certainement pas une simple fantaisie de l'artiste qui a donné de si vastes proportions à la ramée sous laquelle on voit plier l'échine du pauvre hère, parlant à la camarde...

On sait que, lorsque la fin tant souhaitée (par sa femme) de Louis XIII fit passer le gouvernement à Anne d'Autriche, la guerre entre la France et sa Maison durait encore, et que la victoire de Rocroy, révélation du génie militaire de Condé, fut comme le don de joyeux avènement de la nouvelle régente. Cette belle victoire, dit un écrivain, « fit deux malheurs : elle créa un héros insatiable et insupportable, monté sur des échasses et prêt à tout tuer pour la moindre prétention d'orgueil ou d'intérêt. D'autre part, elle glorifia l'avènement de Mazarin et affermit son pouvoir. La Fronde et toutes ses misères sont là en germe. » La première Fronde ne tarda pas, en effet, à se nouer, et vint compliquer les fléaux de la guerre étrangère par ceux de la guerre civile.

On vit alors un état de choses qui ne s'était jamais vu, même au temps de la Ligue. Sans doute, il ne se livra pas de bien grandes batailles, et c'est là ce qui a fait prendre le change à tant d'écrivains raisonnant de cette époque. Mais chaque province, chaque localité était en proie ou à l'étranger, ou aux Frondeurs, ou aux troupes du roi, et souvent à tous ensemble. Car le soldat, quel qu'il fût, à quelque drapeau qu'il appartînt, n'ayant d'autre moyen d'approvisionnement que la maraude organisée, il importait peu aux populations que celui qui les dépouillait et les ravageait fût à l'Espagne, aux princes ou au roi. La lettre édifiante de Louis le Juste au gouverneur d'Arras (1640) n'est-elle pas d'ailleurs là pour nous prouver qu'il ne devait pas exister de différence! « Brave et généreux Saint-Prieul, vivez d'industrie; plumez la poule sans la faire crier; faites comme les autres dans leur gouvernement; vous avez tout pouvoir dans votre empire; tout vous est permis... » Ce dernier trait n'est-il pas tout à fait « galant », comme aime à dire M. Cousin?

Mais jamais il n'y eut de moment plus caractéristique au point de vue du pillage organisé que le milieu de la Fronde. Les soldats des différents partis procédaient si méthodiquement, ayant tous les appareils nécessaires pour enlever et approprier les récoltes, que Mazarin essaya un moment de régulariser tout à fait ce pillage pour s'en servir comme moyen d'approvisionnement des troupes du roi : « Les munitionnaires de l'armée d'Harcourt achètent les blés que les soldats, et particulièrement les Allemands, enlèvent de tous côtés. L'honneur de cette combinaison est dû à Son Éminence, qui en est l'auteur[1]. »

En 1652 se produit une complication encore plus *sui generis*. Le duc Charles IV de

1. *Manuscrit de la Bibliothèque nationale*, reproduit par Feillet. Ouvrage cité, p. 197.

Lorraine, depuis la conquête de son duché par Louis XIII, n'avait d'autre patrimoine qu'une armée d'environ 8,000 hommes qu'il promenait un peu partout. Ce condottiere de haute lignée, séduisant comme un Fra Diavolo de théâtre, et retors comme un chevalier d'industrie, après avoir longtemps campé en Champagne, lève tout à coup ses tentes et vient s'établir à Dammartin près Paris, laissant sur sa route un long sillage de ruines et de dévastations. Là, il entre en pourparlers avec les deux partis : directement, avec Mazarin et la reine; par sa sœur, seconde femme du duc d'Orléans, avec les princes[1]. Non seulement il tire argent et secours des deux côtés, mais encore il vit sur le pays en « plumant la poule » jusqu'au sang. Ce que fit cet élégant bandit dépasse toute idée. Il eut l'audace de pousser de sa personne jusqu'à Paris, et, considéré jusqu'à certain point comme prince français, de se mêler à la belle société du temps. Racontant gaiement les exploits de ses soldats, qu'il prétendait anthropophages, et le double parti qu'ils savaient tirer des jeunes reli-

1. V. dans l'*Histoire de la réunion de la Lorraine à la France*, de M. d'Haussonville, sa correspondance, mi-politique, mi-galante, avec Anne d'Autriche.

gieuses : « Mais les vieilles, lui demanda-t-on, qu'en font-ils ? — D'excellent bouillon après longue cuisson, » répond-il imperturbablement ! Et toute « la société polie » de rire à belles dents. On vit la fleur des pois féminins se jeter à la tête de cet amusant sacripant : la belle duchesse de Châtillon, Mme de Frontenac, la duchesse et Mlle de Chevreuse, la duchesse de Montbazon... ; il n'y en eût plus que pour lui, chacune payant plus ou moins bravement de sa personne dans l'intérêt de la faction à laquelle appartenait son amant attitré.

Il se mêla avec sa bande de mangeurs de religieuses au siège d'Étampes (1652), qui fut avec celui de Seurre l'un des événements du temps[1]. Étampes, appartenant au parti des princes et défendu par Tavannes, tenait contre l'armée du roi, alors commandée par Turenne. Lorsque, après deux mois de résistance la ville fut évacuée, tout en elle et autour d'elle n'était que ruine et désolation : « La ville est entourée de corps morts ; ce qui reste dans des maisons en ruine a la peau collée sur les os, et rien pour les sou-

1. Seurre, petite ville de Bourgogne (gouvernement du prince de Condé), dut être comme Étampes, attaquée par le jeune roi en personne, qui faillit y être tué.

lager... Les cimetières sont trop petits pour recevoir les corps. Pour surcroît de misère, la ville se trouva infectée à cause des fumiers pourris qui étaient répandus de tous côtés, et dans lesquels on avait laissé quantité de morts mêlés à des charognes de chevaux et d'autres bêtes exhalant une telle puanteur qu'on n'osait approcher. Les campagnes d'alentour avaient leur part dans ces tristes calamités[1]. » En effet, les troupes de l'*armée du roi,* rayonnant dans les environs, avaient tellement pillé qu'elles se débandaient de tous côtés pour mettre en sûreté leur butin[2]. La Fontaine, qui visita la ville dix ans après le siège, écrit « qu'elle lui remet en mémoire les ruines de Troie la grande. » Trente ans après cette époque néfaste, on constatait qu'Étampes non plus que le pays circonvoisin ne s'étaient pas encore entièrement remis de ce terrible écroulement.

Que dire de Réthel et de Sainte-Menehould ? La première eut à soutenir, en trois ans, quatre sièges et cinq fois le passage des ennemis. L'autre fut réduite pendant un moment à cin-

1. Montrond, *Essai historique sur la ville d'Étampes,* 1836.

2. Taschereau, *Journal de la Fronde,* 1652-55, dans la *Revue rétrospective.*

quante-trois habitants; le reste avait fui déguisé, les uns en religieux, les autres en paysans, d'autres avaient cherché la mort en se précipitant du haut des murailles.

On a les annales de Marle, petit chef-lieu de canton du département de l'Aisne. Elles sont de la main de Me Lehault, notaire du lieu, et conservées présentement en celles de l'un de ses descendants, encore titulaire de son étude. L'impassibilité de cet homme à consigner sur le papier les horreurs dont il est chaque jour témoin reste toute professionnelle jusqu'au moment où, la plume lui tombant, il se demande s'il ne ferait pas mieux de s'arrêter... « Néanmoins, dit-il, pour faire connaître à notre géniture les cruels effets de la guerre, je franchirai hardiment ce mauvais pas, quand ce ne serait que pour leur faire voir que les ruines et incursions n'arrivent pas toujours par les fureurs des ennemis, et que nous ne sommes le plus souvent affligés que par la rage de ceux qui devraient nous protéger, et notamment après avoir reconnu les services que nous rendons au roi et à notre patrie en conservant et gardant la ville au péril de notre vie à son obéissance, ainsi que nous l'avons fait depuis dix-huit ans, sans l'avoir désertée, quoique nous ayons eu mille sujets de le faire par les mauvais traitements que nous y avons reçus... »

En effet, au moment où écrivait Me Lehault, l'Artois était depuis près de vingt ans en proie aux armées qui l'attaquaient comme à celles qui la défendaient.

Dans le centre et aux extrémités de la France, même désolant spectacle. En Poitou, La Trémoille, beau-frère de Bouillon, lève des troupes pour son parti et voit l'Anjou s'unir à lui. Dans le Berry, les princes portent la désolation; et l'incendie d'Issoudun fut hautement attribué à Condé, qui exhalait sans cesse son mécontentement contre cette ville, obstinée à tenir pour la cause royale. En Languedoc, lutte entre les États restés fidèles au roi, et le Parlement appuyant celui de Paris qui est avec les princes. En Provence, véritable guerre ouverte entre le Parlement, soutenu par le peuple et la bourgeoisie, et le gouverneur de la province, forcé de licencier ses troupes et de rester dans son palais comme otage avec cent cinquante gentilshommes. Enfin, tout le monde connaît les exploits de Mme la princesse de Condé, à Bordeaux, ceux de la grande Mademoiselle, à

Orléans; et l'épopée tragico-amoureuse de Mme de Longueville, qui a eu son Homère, n'est plus à raconter.

A Paris, les journées du 25 juin 1652 au Parlement, et du 4 juillet à l'Hôtel de Ville, qui signalent la seconde Fronde, seraient encore dans la mémoire si nos générations n'en avaient vu tant d'autres! Après celle du 25 juin le cours de la justice resta trois mois suspendu, et celle du 4 juillet devint un véritable massacre dont Condé fut l'incontestable promoteur.

On imagine facilement ce que pouvaient être les ressources financières de l'État au milieu de ce trouble général et de ces ruines privées. Mazarin, répandant l'argent autour de lui pour acheter ou désunir ses ennemis, se voyait parfois dans l'impossibilité de pourvoir à l'entretien du jeune souverain dont il était le surintendant, « et la cuisine du roi se trouvait renversée » pour parler comme Mme de Motteville. L'impôt actuel du sel ressort à environ 1 franc par tête d'habitant, et il sera certainement tout à fait supprimé dès que la situation le permettra. Dans l'ancien régime, la *gabelle* était l'une des plus grosses ressources de l'État, par conséquent l'une des plus lourdes charges pour le peuple, et la contrebande du sel était une industrie interlope si considérable qu'elle était la plus forte pourvoyeuse des galères. Au milieu de la désorganisation de la France, cette contrebande se développa sur la plus large échelle. Les hommes de guerre, qui s'entendaient si bien à faire la moisson du blé, s'associèrent pour le faux-saunage. On vit des bâteaux de sel descendre la Loire, escortés de 2,500 hommes et ayant du canon. Le sel fut vendu librement dans les foires et marchés de tout le centre de la France et même à Paris. Ce fait caractéristique du temps acheva de réduire l'*Épargne* (Trésor public) aux abois. Rien de curieux comme l'effarement de Mazarin quand il lui faut trouver sur l'heure une somme déterminée. En 1653, Manicamp, bellâtre sans importance, tenait La Fère, ville que sa situation rendait intéressante comme point stratégique, et menaçait, suivant l'usage, de livrer la place à l'ennemi (l'Espagnol) si on ne lui comptait 50,000 écus au moins. Il faut voir l'embarras du cardinal dans une lettre qu'il adresse à son intendant Colbert! Il indique les différentes personnes auxquelles il compte recourir, qui pour 1,000 louis, qui pour 500; enfin, il va jusqu'à autoriser la mise en gage de ses pierreries. Et ce qui l'achève de peindre, c'est que, pour être plus certain de vaincre celui qu'il connaît si bien, il lui propose de passer dans une autre ville, par exemple « d'entrer dans Chauny, s'il veut, pour y commander dès à présent [1]... »

En voyant la détresse remonter si haut, on comprend ce qu'elle fut dans les classes moyenne et inférieure. La noblesse de province et la bourgeoisie furent pour longtemps absolument ruinées, et il y eut non pas seulement temps d'arrêt, mais recul marqué dans l'accession de la classe rurale à la possession du sol. Les paysans, qui avaient pu acquérir un grand nombre de petits domaines sous Henri IV et Louis XIII, perdirent leurs propriétés pendant la Fronde, accablés qu'ils furent sous les fléaux de cette horrible période. Le revenu de la terre déclina sensiblement, et le prix du blé fut longtemps à reprendre son niveau moyen. Il résulte des recherches de M. Champfleury que la légende populaire du *Bonhomme Misère* remonte à cette époque néfaste.

1. V. cette curieuse lettre, datée de Noyon, à la p. 454 du vol. de M. Feillet.

« Dans les gravures de la Fronde au cabinet des estampes, dit M. Feillet, il s'en trouve une vieille dont l'aspect nous a saisi et profondément ému. Tout fait croire que c'est plutôt une image allégorique que la reproduction d'un fait réel. Le dessin représente un immense désert semé d'ossements de morts, de débris de tout âge, grands et petits : au milieu un gros animal efflanqué que la légende qualifie hyène; sa langue sanglante pend hors de sa gueule ; de ses griffes d'acier, il déchire, entr'ouvre la poitrine d'une femme morte, comme s'il voulait lui manger son cœur... » N'est-ce pas là l'image sensible et vraie de ce pauvre pays, qu'un pamphlet de l'époque a si bien décrit?

. . . .

France qui n'es plus rien que l'ombre de toi-même,
Squelette décharné qui n'a plus que sa peau,
Cadavre infortuné près d'entrer au tombeau...

Guy-Patin écrivait à la date de 1661 : « Les pauvres gens meurent par toute la France, de maladie, de misère, d'oppression, de pauvreté et de désespoir — *Eheu! nos miseros! O miseram Galliam!* Je pense que les Topinambous sont plus heureux en leur barbarie que ne sont les paysans de France aujourd'hui. » — C'est vers ce temps qu'Anne d'Autriche dut renoncer à une promenade commencée pour éviter le spectacle navrant des affamés qui l'environnaient. Elle vit sur le pont de Melun (le fait est rapporté par ses annalistes domestiques La Porte et Motteville) trois enfants sur leur mère morte, « l'un desquels la tétait encore... »

Le cours de la justice était parfois suspendu, soit par la violence des gens de guerre, soit par les épidémies qui, fondant sur une localité, dispersaient juges et procureurs..

III

ÉTAT MORAL — LA JUSTICE

En ce temps, d'ailleurs, la justice n'était le plus souvent qu'un mot. Non seulement les grands personnages se plaçaient au-dessus de la loi, mais encore ils n'admettaient guère que leurs créatures pussent avoir tort, même devant le Parlement. Dans l'affaire de la légitimité du jeune Tancrède de Rohan qui divisa si fort la cour, le vainqueur de Rocroy, encore duc d'Enghien, mais déjà parlant en maître, disait aux conseillers : « Êtes-vous pour nous ? Si vous n'êtes pas pour nous, vous n'êtes pas de nos amis... » Et il n'avait pas besoin d'ajouter : A bon entendeur, salut[1].

Nous disons aujourd'hui *suivre* un procès; mot neutre qui implique seulement une idée de vigilance. Nos pères, qui savaient par expérience ce que parler veut dire, avaient une expression tout autrement significative : ils disaient *solliciter* un procès. Que de choses, en effet, dans ce seul verbe, à une époque où le *fiat lux* moderne n'avait pas encore pénétré dans le fouillis de nos lois civiles ! Chaque homme de robe était un tyranneau qu'il fallait absolument conquérir par n'importe quel moyen. — L'impuissance réciproque des plaideurs à corrompre le juge était, on peut dire, la meilleure garantie de son impartialité : « entre Pierre et Jacques il conservait la plus exacte droiture ; mais dès qu'il apercevait un intérêt ou une faveur à ménager, aussitôt il était vendu, » dit Saint-Simon, parlant du premier président de Harlay[2].

1. Tancrède était un jeune garçon que la duchesse de Rohan avait tout à coup produit comme né de son mariage et élevé en Hollande. Cette légitimité était contestée par sa fille (mariée à Chabot). La mort de l'adolescent mit seule fin à ce grand litige : il fut tué en combattant vaillamment dans l'armée du roi en l'un des nombreux engagements qui avaient lieu aux environs de Paris.

2. V. *Mém.*, éd. Hachette, in-8°, t. I, p. 141.

La littérature du temps est remplie d'historiettes et de satires sur les mœurs judiciaires, et si nous n'en connaissons généralement qu'une, c'est qu'elle doit à sa forme exquise de ne point paraître surannée. Mais il ne faut pas croire que ce mérite soit le principal ; non : la comédie des *Plaideurs* doit être considérée comme une sorte de document qui éclaire l'une des parties les plus intéressantes de notre passé historique. Nous ne devons pas être dupes de la préface qui prétend que la pièce est presque entièrement traduite d'Aristophane : ce n'est là qu'une drôlerie de plus, mais celle-là en manière de gâteau destiné au cerbère de la censure. La réalité est que, comme toutes les farces dignes de ce nom, celle des *Plaideurs* est vraie dans sa donnée et dans la plupart de ses détails, seulement grossis par les nécessités du genre. Par exemple, lorsque le vieux Perrin Dandin veut ramener son fils Léandre dans le giron de la basoche, chacun des vers est un enseignement :

Du repos ? ah ! sur toi, tu veux régler ton père ?
Crois-tu qu'un juge n'ait qu'à faire bonne chère,
Qu'à battre le pavé comme un tas de galans,
Courir le bal la nuit, et le jour les brelans ?
L'argent ne nous vient pas si vite que l'on pense :

Chacun de tes rubans me coûte une sentence.
Ma robe vous fait honte. . . . .
. . . . Compare prix pour prix
Les étrennes d'un juge à celles d'un marquis.
Attends que nous soyons à la fin de décembre.
Qu'est-ce qu'un gentilhomme? un pilier d'antichambre.
Combien en as-tu vu, je dis des plus huppés,
A souffler dans leurs doigts, dans ma cour occupés,
Le manteau sur le nez ou la main dans la poche...

On peut encore citer cette jolie épigramme d'un écrivain du temps de la Fronde, qui paraît viser le Parlement :

La justice a la balance,
Non pas comme chacun pense,
Pour juger selon les lois;
Mais afin de voir, en somme,
Si les écus du bon homme
Sont légers ou bien de poids.

L'art de suborner juges et témoins (car la preuve testimoniale n'était pas limitée comme dans la procédure actuelle) formait une véritable spécialité. Il en était sorti une profession régulière : on était *solliciteur de procès.* Nous voyons dans M. Cousin que Duretête, le plus ferme soutien du parti des princes à Bordeaux, le meneur de la faction de l'*Ormée,* appartenait à cette profession[1].

On comprend, quand on pénètre sans parti pris dans cette néfaste époque, la vague traînée d'impressions douloureuses qu'elle laissa longtemps dans les esprits. Plus heureux que son ami et admirateur Rotrou qui mourut de la peste, victime de son dévouement, Corneille avoue dans ses lettres l'impuissance où il fut de rien produire durant « ces désordres de notre France. » Dans sa féerie de la *Toison d'or* représentée en 1660 et destinée à célébrer la conclusion de la paix ainsi que le mariage du roi, le théâtre représente d'après le livret « un pays ruiné par les guerres, et terminé dans son enfoncement par une ville qui n'en est pas mieux traitée; ce qui marque le pitoyable état où la France était réduite avant cette faveur du ciel qu'elle a si longtemps souhaitée[2]!... » Le prologue est des plus curieux, et, on peut dire, des plus hardis. C'est un dialogue entre la Victoire et la France qui est à sa place ici; et les vers, peu connus, méritent bien qu'on les retrace.

1. Il paya pour tous et fut roué vif. V. *Madame de Longueville pendant la Fronde.*

2. Jules Levallois, *Corneille inconnu,* p. 267.

LA FRANCE.

Doux charme des héros, immortelle victoire,
Ame de leur vaillance et source de leur gloire,
Vous qu'on fait si volage, et qu'on voit toutefois
Si constante à me suivre et si ferme en ce choix,
Ne vous offensez pas si j'arrose de larmes
Cette illustre union qu'ont avec vous mes armes.

. . . .

. . . .

Vous faites qu'on m'estime aux deux bouts de la terre,
Vous faites qu'on m'y craint, mais il vous faut la guerre,
Et quand je vois quel prix me coûtent vos lauriers,
J'en vois avec chagrin couronner mes guerriers.

LA VICTOIRE.

Je ne me repens point, incomparable France,
De vous avoir suivie avec tant de constance;
Je vous prépare encore mêmes attachements;
Mais j'attendais de vous d'autres remercîments.
Vous lassez-vous de moi qui vous comble de gloire,
De moi qui de vos fils assure la mémoire,
Qui fais marcher partout l'effroi devant leurs pas?

LA FRANCE.

Ah! Victoire, pour fils n'ai-je que des soldats?
La gloire qui les couvre à moi-même funeste,

Sous mes plus beaux succès, fait trembler tout le reste.
Ils ne vont aux combats que pour me protéger,
Et n'en sortent vainqueurs que pour me ravager.
S'ils renversent des murs, s'ils gagnent des batailles;
Ils prennent droit par là de ronger mes entrailles;
Leur retour me punit de mon trop de bonheur,
Et leurs bras triomphants me déchirent le cœur.
A vaincre tant de fois mes forces s'affaiblissent :
L'État est florissant, mais les peuples gémissent;
Leurs membres décharnés courbent sous mes hauts faits,
Et la gloire du trône accable les sujets.
Voyez autour de moi que de tristes spectacles!
Voilà ce qu'en mon sein enfantent vos miracles.
Quelque encens que je doive à cette fermeté
Qui vous fait en tous lieux marcher à mon côté,
Je me lasse de voir mes villes désolées,
Mes habitants pillés, mes campagnes brûlées...

Remarquons ces vers à propos des soldats : « Ils prennent droit par là de ronger mes entrailles. » Et remarquons encore que, par un artifice de rhétorique, le poète évite de parler de la guerre civile; le livret et le décor lui paraissant la rappeler suffisamment à l'esprit du spectateur, qui savait d'ailleurs amplement à quoi s'en tenir.

Il y a certainement loin de cette poésie grandiose à ce qu'on est convenu d'appeler les

Mazarinades. C'en est cependant une note ; car il ne faut pas croire que toutes les productions connues sous ce nom soient des facéties au sel plus ou moins gaulois. Il en est qui font frémir : un spadassin ivre ne trouverait certainement jamais rien de tel que le pamphlet sous forme d'édit (juillet 1652) intitulé : « Tarif du prix « dont on est convenu dans une assemblée de « notables tenue en présence de messieurs les « princes pour récompenser ceux qui délivre- « ront la France du Mazarin, justement con- « damné par arrêt du Parlement. »

Cette pièce attribuée à Marigny, l'un des plus aimables familiers de Condé, se divise en cinquante-trois articles dont chacun indique aux gens de bonne volonté un moyen spécial de pratiquer une « concinade » sur le cardinal, et mentionne la récompense promise pour chaque cas. Le premier article qui fera juger des autres est ainsi conçu : « A celui qui après l'avoir tué « coupera la tête et la portera par les rues de « Paris, en signe de paix, la somme de cent « mille écus, et permission à lui seul ou à ceux « qui l'auront de lui de l'aller porter par toutes « les villes, bourgs et villages du royaume « pour en tirer les profits que l'on a coutume

« d'accorder à ceux qui portent la tête du « loup[1]. »

On sait d'ailleurs que la tête de Mazarin fut, par arrêt du Parlement, réellement mise à prix pour 150,000 livres, ses propriétés confisquées, sa bibliothèque et ses collections vendues... pour le montant de la vente parfaire lesdites 150,000 livres — combinaison financière qui est certainement l'un des raffinements les plus curieux qui se puissent imaginer.

Ce qui achève de caractériser l'époque, tout en contribuant à donner le change sur sa réalité historique, c'est l'attitude de la cour et de la haute aristocratie durant cette période douloureuse. Les fêtes, les collations, les comédies que le goût de la reine avait mises fort à la mode, ne cessèrent pas un moment pendant que la France agonisait. Toute la morale du monde officiel semble se résumer en ces deux vers de l'un des nombreux pamphlets du temps qui fait dire au jeune roi :

Si la France est en deuil, qu'elle pleure et soupire,
Pour moi, je veux chasser, galantiser et rire...

1. V. Ch. Moreau, *Collection des mazarinades.*

Ce fut l'aurore des nièces de Mazarin dont l'une toucha un moment au trône de France.

Pour ce monde frivole rien n'arrêtait le plaisir et il faut lire Lenet, l'un des « familiers de M. le prince », pour croire à la bonne vie que l'on menait à Chantilly en 1650, c'est-à-dire pendant la captivité des deux fils et du gendre de la maison. Les panégyristes, M. Cousin en tête, qui reproduisent la jolie page de Lenet à ce sujet, ne semblent pas comprendre qu'elle est au fond une cruelle satire de l'époque par eux glorifiée.

Sa moralité domestique fut en effet déplorable. A propos de la scandaleuse *Histoire amoureuse des Gaules,* Walckenaer, écrivain aussi érudit que mesuré, remarque que « si dans cet ouvrage les discours et les lettres des personnages sont supposés, les faits sont exacts et vrais; qu'il n'en est pas un d'essentiel qui ne se trouve confirmé par les Mémoires du temps et les témoignages des contemporains[1]. » Mme de Sévigné, malgré ses coquetteries avec son cousin Bussy, avec Tonquedec, de Lude et Fouquet, resta incontestablement une honnête

1. V. ouvrage cité, t. II, p. 150.

femme; eh bien, voici qui est caractéristique : lorsque sous Louis XV, en plein XVIIIe siècle, ses lettres furent pour la première fois livrées à l'impression, l'éditeur crut devoir les émonder pour ne pas choquer la délicatesse de son public. Ce qui est peut-être encore plus curieux, c'est que les changements alors introduits ont été maintenus par les éditeurs suivants[1]. Ce fait littéraire peut même ouvrir un aperçu nouveau : en y regardant de près, on reconnaîtrait peut-être que les excentricités pudibondes des *précieuses* n'étaient que l'expression d'une légitime réaction de l'honnêteté publique, laquelle, comme toutes les réactions, n'aura pas tardé à se compromettre par ses excès.

Il est commode de traiter Tallemant de grossier et de récuser son témoignage; mais Tallemant, homme du monde (allant à l'hôtel de Rambouillet), parle, raisonne et agit, comme chacun parlait, raisonnait et agissait de son temps[2]. Par cela même qu'on invoque avec empressement son témoignage quand, par hasard, il se

1. V. Walckenaer, ouvrage cité, t. I, p. 277.

2. On peut d'ailleurs voir l'*historiette* qu'il s'est consacrée à la page 172 du t. V de l'éd. Techener (1865).

trouve être favorable à l'un des personnages dont il note les faits et gestes, on se retire le droit de méconnaître l'autorité historique de son œuvre. C'est ce que fait trop souvent M. Cousin, surtout quand il s'agit des femmes. Certes, il y a quelque chose de chevaleresque dans la tâche que s'était comme imposée l'illustre académicien et qu'il a si brillamment conduite à fin, de ramener sur la scène les célébrités féminines du XVIIe siècle en les entourant d'une auréole. Malheureusement cette tâche trop réussie m'en impose une autre moins agréable à remplir : celle de rétablir les faits indispensables à l'intelligence de la démonstration que j'ai entreprise. Les femmes ont fait la Fronde, dit-on, souvent, et c'est là une vérité incontestable. Pour comprendre le caractère de la Fronde, il faut donc savoir quelle fut la moralité des femmes qui l'ont faite. Eh bien, les écrits du temps, de ce temps si fécond en Mémoires, s'accordent à nous montrer ses héroïnes principales sous le plus défavorable jour, — et cela, à commencer par la reine.

IV

QUELQUES FEMMES CÉLÈBRES

Le long concubinage d'Anne d'Autriche avec son ministre — qui ne put même être couvert par un mariage de conscience, car Mazarin était prêtre, — n'est plus un mystère historique depuis les recherches de M. Loiseleur qui infirment d'une manière absolue l'opinion de M. Cousin à cet égard [1]. Ne sont pas ignorées, non plus les jalousies de l'amant politique, qui craignit un moment de voir passer du côté des

1. V. *Problèmes historiques*, p. 147 et suiv.

princes sa royale maîtresse, cédant aux attaques du capitaine des gardes Jarzé, lancé à sa conquête par Condé.

Combien peu parmi les plus considérées restèrent irréprochables ! La précieuse des précieuses, la belle Julie, épouse du soi-disant rigide Montausier, ne devint-elle pas duchesse en se faisant la « dariolette », comme on disait alors, des amours du jeune roi et de sa cousine Montespan ? Impossible d'en douter, puisque l'aveu en échappe à M. Cousin lui-même[1].

Par la grandeur de son courage, l'héroïsme de ses résolutions, Mme de Longueville, est un type à part. Mais il y a vraiment quelque chose d'enfantin dans les efforts tentés par l'illustre écrivain pour, en fait d'amants, lui assurer à nos yeux l'épithète d'*univira* si recherchée des veuves romaines. Comment croire que ses pastorales guerrières avec le brillant Nemours, à travers le Berry et la Guyenne, soient restées à l'état purement sentimental ? La Rochefoucauld ne le crut certainement pas, et si sa ven-

1. V. d'ailleurs Pierre Clément, *Madame de Montespan et Louis XIV*, p. 12. — Bussy dit qu'elle avait débuté dans son rôle avec Mlle de Lavallière. Mais il est la seule autorité à cet égard.

geance est inexcusable, elle prouve du moins qu'il sut à quoi s'en tenir. Peu de femmes furent, d'ailleurs, moins soucieuses de leur réputation : on peut mesurer la délicatesse de ses sentiments par sa désinvolture à négliger les bruits auxquels donnait lieu la tendresse intempérante de son jeune frère, Conti, dont Mme de Motteville a dit, avec la finesse de ses mots couverts, qu'il « l'aimait plutôt en honnête homme qu'en frère ». On se demande même si celui qui s'est constitué, avec tant d'éclat, le prôneur de cette époque et de ses personnages, a suffisamment pris garde aux aperçus que pouvait ouvrir sa fameuse clef de Mlle de Scudéri, en nous révélant que Cyrus est Condé, et Mandane la duchesse de Longueville? N'a-t-il pas trop oublié que dans notre société chrétienne, qui n'est pas la cour du roi Cyaxare, les frères et les sœurs ont généralement une autre manière de converser[1]?

Que dire de Mme de Chevreuse? Issue des Rohan, veuve du dernier des connétables de France, femme de l'un de ces princes lorrains

1. V. la clef du grand Cyrus, découverte par M. Cousin, t. I, p. 364 de *la Société française*.

dont les pères avaient pu un moment lever les yeux sur le trône des Valois, amie préférée de la reine régente qu'elle avait plus d'une fois obligée : certes, c'était bien là autant qu'il en fallait pour satisfaire l'ambition d'une femme... Eh bien, sa vie ne fut qu'une longue intrigue politique enguirlandée d'amour, ou plutôt d'amour enguirlandée de politique, puisque, selon le dire de Mme de Motteville, « elle s'était intéressée aux affaires du monde seulement par rapport à ceux qu'elle avait aimés ». Rien n'arrêta jamais son double entraînement. Sa fille, la belle Charlotte de Lorraine, fut entre ses mains un instrument à l'aide duquel elle prétendit acquérir à la fois Conti et Retz : l'un comme époux, l'autre comme amant. — L'empêchement mis par Condé à ce mariage de son frère avec une fiancée plus que compromise, souleva toutes les rancunes de la duchesse, et fut en partie cause de la seconde Fronde dont elle devînt l'âme[1]. Les scrupules lui poussant avec les années, on

1. Charlotte de Lorraine mourut jeune sans avoir pu retrouver un époux. Elle avait d'ailleurs donné l'abbé Fouquet pour successeur au coadjuteur. — Du premier mariage était né un fils de qui vient la maison de Luynes actuelle. Chevreuse fut la terre ducale du prince lorrain.

la voit régulariser par un mariage de conscience sa liaison du moment. Le marquis de Laygues, beaucoup plus jeune qu'elle, qui accepte ce rôle de mari d'alcôve, devient aussitôt entre ses mains, malgré sa médiocrité d'esprit, un agent politique des plus actifs.

Dès que le principe d'autorité eut repris le dessus à la cour, Mme de Chevreuse ne s'y montra plus que rarement. M. Cousin ne veut voir dans cette retraite que l'effet d'un austère et pieux renoncement au monde, semblable à ceux qui vont tout à l'heure passer sous les yeux du lecteur. Sans doute Mme de Chevreuse avait matière à réfléchir dans sa solitude de Gagny : deux de ses amants, Holland et Chalais, avaient péri sur l'échafaud ; Châteauneuf, qui l'avait aimée à cinquante ans passés, en avait été puni par dix ans de détention. On a vu la triste destinée de sa fille, pour ainsi dire unique (les deux autres étaient religieuses). Il y avait bien évidemment là des sujets de méditation et de retour sur soi-même. Mais il est certain que si elle dit à la cour un adieu, d'abord intermittent, puis définitif, c'est qu'elle voyait finir le rôle politique des femmes avec l'émancipation effective du roi : elles allaient être reléguées dans l'amour; et pour Marie de Rohan, duchesse de Luynes et de Chevreuse, si le temps de l'amour avait longtemps duré, il était décidément passé...

Que dire de la belle Montbazon, tantôt son alliée, tantôt sa rivale; héroïne aussi méchante que belle, qui imagina, pour perdre la réputation encore inattaquée de Mme de Longueville, cette trame célèbre, cause du duel où l'un des derniers Guise tua l'un des derniers Coligny? Tel était le nombre de champions que lui assurait l'empire de ses charmes prodigués, qu'elle se crut assez forte pour braver à cette occasion les Condé soutenus par la reine, et les brava en effet sans autre mortification qu'un très court exil. Rentrée triomphante et superbe, elle reprenait le cours de ses doubles intrigues, quand une mort soudaine la frappa; mort célèbre dans les Mémoires et les biographies, qui lui attribuent la conversion de Rancé, alors l'un de ses amants.

Il faut s'arrêter un peu plus longuement sur Mme de Châtillon, puisqu'on paraît croire l'heure de la réhabilitation aussi arrivée pour elle[1].

1. Le joli volume intitulé : *Isabelle de Montmorency-Boutte-*

A entendre son récent panégyriste, la noble dame aurait glissé en nymphe lascive, mais honnête, des mains de Condé, Nemours, Basile Fouquet, Hocquincourt... Tous ces galants n'auraient obtenu que la faveur de baiser le bout de ses doigts gantés de l'odorante peau d'Espagne... A cette « plaiderie », pour parler comme Molière, ne pourrait-on pas faire la réplique par laquelle une femme du XVIIIe siècle ferma la bouche à son mari, soutenant une cause analogue : « J'admire vraiment, monsieur, qu'un homme puisse jamais se croire aussi certain de ces sortes de choses-là ! »

Fille de Montmorency-Boutteville, justement décapité par Richelieu pour son audacieuse violation de l'édit sur les duels, la confiscation des biens de son père en fait une pauvre héritière. A vingt-trois ans, elle devient veuve du dernier Coligny, que les prodigalités du maréchal de Châtillon avaient laissé à peu près sans patrimoine[1]. Cependant son panégyriste reconnaît qu'à un certain moment elle se trouve

ville, duchesse de Châtillon, de M. Filleul, est une monographie évidemment inspirée par celles de M. Cousin.

1. Les frères Coligny, dont nous venons de voir l'aîné succomber dans le duel avec Guise, étaient les arrière-petits-fils

à la tête d'une énorme fortune. Cette fortune, d'où lui vint-elle ? De ses amants. Condé lui donne terres et pierreries ; Nemours l'accable de présents ; l'abbé Fouquet la comble de pots-de-vin ; d'Hocquincourt, sans argent, met à ses pieds son bâton de maréchal, c'est-à-dire trahit la cause du roi pour celle de Condé guerroyant alors contre la France à la tête des bandes espagnoles (1656). Et l'on prétend après cela, qu'elle sut tenir à distance suffisamment respectueuse ces nombreux bienfaiteurs ! Comment donc s'y prenait-elle ? L'auteur veut bien nous l'apprendre d'après Lenet : « en fournissant toute la matière nécessaire pour entretenir leur flamme, sans néanmoins y en jeter trop de peur de l'étouffer ou de la voir consumer trop promptement ». Il paraît que de pareilles pratiques pouvaient passer pour de la vertu au temps de la belle Harpagon : au nôtre, on les classe généralement sous une autre étiquette.

Grâce aux immenses biens qu'elle sut ainsi acquérir en attisant les flammes dans une sage mesure, Mme de Châtillon, retirée des affaires,

de l'amiral. Le maréchal, leur père, était marquis. C'est Condé qui fit créer le duché en leur faveur.

finit par épouser un duc souverain de Mecklembourg-Schwérin et mourut considérée comme ses codiablesses devenues ermites[1].

Nommons seulement les autres, au moins quelques-unes : Mme de Guémené, qu'on voit figurer partout ; Mlle de Longueville qui, tout en critiquant sa jeune belle-mère, intriguait pour le compte de Chavigny, son amant ; Mnie de Monglas, qui occupa si longtemps le volage Bussy ; Mmes de Piennes, de Maugiron, de Villequier, de Lude, de Grimault, de Pommereuil, toutes vouées à l'amour comme à la politique ; et, au milieu de ces beautés, allant, venant, circulant sans trêve ni repos « un petit homme noir, à vue très basse, mal fait, laid, maladroit de ses mains à toutes choses[2] », portant la pourpre romaine et disant la messe à ses moments perdus, qui les prend et les délaisse suivant les exigences de son tempérament ou de sa politique.

1. Richelieu, à qui Mme de Chevreuse inspirait une véritable peur, l'avait surnommée *le diable*. — Conf., sur Mme de Châtillon, Walckenaer, t. II, p. 336, et Chéruel, t. I, p. 34. L'historien de Nicolas Fouquet dit notamment : « Parmi les amants qu'elle prenait pour donner des partisans à Condé, on trouve le maréchal d'Hocquincourt. »

2. Portrait de Retz, par Tallemant.

Telle fut véritablement l'époque ; tel fut à peu d'exceptions près le rôle des femmes de ce temps qu'on a fait si brillant. Toutes les réhabilitations posthumes ne sauraient prévaloir contre cette navrante constatation révélant quels furent, sur l'ensemble des mœurs publiques, les effets de ces exemples d'en haut : à la suite de la sinistre histoire de Mlle de Guerchi, séduite par le duc de Vitry, « l'un des intimes du prince de Condé » et que celui-ci protégea jusqu'à la complicité, les vicaires généraux de Paris crurent devoir faire connaître qu'en un an, plus de six cents femmes s'étaient confessées d'avoir tué et étouffé leur fruit. On publia des monitoires à ce sujet dans les paroisses[1].

L'esprit est assez généralement porté à penser que cette détresse et cette démoralisation publiques durent prendre fin avec les désordres de la Fronde, c'est-à-dire vers 1655 ou 1656. Mais c'est là malheureusement une erreur. Condé ne quitta le commandement de l'armée espagnole qu'à la paix des Pyrénées, et nous l'avons vu exerçant le banditisme en Cham-

1. Feillet, ouvrage cité, p. 512.

pagne, au milieu de l'année 1657. Il faut lire les *placards de charité* qui parurent, une fois la paix signée, pour stimuler la bienfaisance à bout de ressources : après tant d'années écoulées, les tableaux qui s'y déroulent émeuvent encore l'âme. Les plus riches provinces de France : la Bourgogne, la Picardie, la Lorraine, le pays Messin et l'Angoumois, sont représentées comme étant encore, en 1660, dans un état de navrante détresse. A Paris même, on voyait en ce temps des bandes de soldats entrer dans la ville, piller les maisons et emporter le butin sur des charrettes arrêtées dans la rue. « L'adulation publique pour Louis XIV a trompé les historiens et la postérité », conclut l'écrivain dont les recherches éclairent d'une lueur sinistre cette prétendue brillante époque. Cela n'est que trop vrai.

Ajoutons, sans vouloir y insister, que, née de tous ces désordres et de toutes ces misères, une véritable dépravation se projeta sur les années plus calmes qui commencèrent avec le rétablissement de l'autorité. Le pamphlet *la France devenue italienne,* qui se trouve au dernier volume de l'ouvrage de Bussy, a sa raison d'être : l'étude des écrits du temps, ou même de Walckenaer qui les a si bien résumés, ne laisse subsister aucun doute sur ce chapitre.

Toute époque profondément troublée a son mouvement d'idées rénovateur. Voyons pour celle que nous cherchons à comprendre.

IV

LES IDÉES

LES IDÉES

I

RÉVEIL DES AMES — CHARITÉ ET JANSÉNISME

La grande perturbation de la Ligue avait profondément désorganisé le clergé : désorganisé au point de vue du culte comme à celui de l'aumône publique,[1] dont il exerçait le double ministère. La plupart des prêtres ne savaient plus la formule de l'absolution, et saint Vincent de Paul énonce en avoir vu, seulement à Saint-Germain, huit qui disaient la messe chacun à sa manière. Le clergé régulier s'était habitué à considérer comme siens, les biens dont il n'avait la possession qu'en vue du soulagement de la misère. Dans certaines fondations hospitalières les moines avaient fait enlever les lits pour n'avoir pas à y recevoir de malades.

On comprend, en présence d'un pareil état de choses, ce que les classes déshéritées eurent à souffrir, moralement et matériellement, durant l'interminable période de guerre étrangère et civile précédemment esquissée ; jusqu'en 1660 et encore au delà, la peste et la famine ne cessèrent pour ainsi dire pas, et les fléaux du ciel se joignant à ceux de la terre, la France fut littéralement sous l'eau pendant l'année 1651, qui s'appela longtemps *l'an du déluge.* Les récoltes furent perdues ; dans bien des localités hommes, bestiaux, ponts et maisons disparurent.

Il fallait que ce double effondrement atteignît la dernière limite supportable pour que la réaction fût en raison de l'action. — Vers le milieu du siècle, l'humanité française fut en proie à une sorte de tragique ahurissement : comme la vigie de *l'Orestie,* elle regardait depuis dix ans et ne voyait aucune voile blanchir à l'horizon. Alors des profondeurs de sa détresse, elle cria vers

Dieu par la voix de quelques justes, et cette voix fut entendue. Des rives du Léman s'éleva un souffle à la fois enivrant et vivifiant qui s'étendit sur elle. François de Sales, le pénétrant mystique, et ses séduisants écrits apparurent sur la scène qu'ils ne devaient plus quitter. Bérulle, dont le savoir fut peut-être plus profond, devait laisser moins de traces, parce qu'il sut moins bien parler aux cœurs, et fut malgré lui entraîné à la politique[1]. Mais, par la fondation du Carmel et de l'Oratoire, il contribua grandement au mouvement. Rancé le continua plus tard par l'éclat de sa conversion et son austère réforme de l'ordre de Citeaux.

Il y eut alors comme un fiévreux réveil de la foi. L'horreur de la corruption ambiante s'empara des âmes touchées, et l'on vit l'élite des femmes françaises, sous l'empire d'une sorte de religieux effroi, se précipiter vers les monastères du Carmel. Les plus nobles, les plus belles ouvrirent la voie : la maréchale de Ranzau, restée veuve dans tout l'éclat de la jeunesse et de la beauté ; Mlle du Vigean, premier et chaste objet

1. Malgré son vœu contraire — dont il fut d'ailleurs relevé par un bref du pape. — V. Nourrisson, *le Cardinal de Bérulle, sa vie, ses écrits et son temps.*

de l'amour de Condé; la brillante d'Épernon, fuyant le trône de Pologne; Mlle de Brissac; les deux Marillac, filles du garde des sceaux; les deux La Tour d'Auvergne, filles du duc de Bouillon, nièces de Turenne; Jacqueline, fille du duc d'Arpajon; Marthe Crussol d'Uzès, et tant d'autres; aussi dans la bourgeoisie, dont les trois sœurs Acarie qui jouèrent un si grand rôle, et furent comme un aimant de sainteté attirant les âmes éperdues.

Entre temps, un fils de paysan de la Guyenne, dont l'enfance s'était passée à garder les moutons de son père, et que nous avons éprouvé le besoin d'anoblir, comme Jeanne d'Arc, Vincent Depaul commence à se manifester. C'est une toute autre organisation que celle du poétique évêque de Genève et du savant Bérulle. Le mysticisme n'est pas son fait, ou du moins il ne s'en sert évidemment que comme moyen: l'assistance charitable fut l'idée dominante de sa vie presque séculaire. On pourrait le comparer à Condé général d'armée: ardeur incomparable pour exécuter, maturité profonde pour concevoir. Si travaillé qu'il fût de l'amour du prochain, on ne le voit céder à aucun entraînement. Il comprend avec l'intuition du génie (car ce fut un génie !) que, malgré tous les éléments, toutes les forces qu'il a su réunir sous sa main, il sera impuissant s'il se prodigue à la situation. Aussi, n'entreprend-il pas de nourrir ses pauvres, ni de ranimer leur foi : il entreprend seulement de ne pas les laisser mourir de faim et de leur donner rapidement quelques pieuses consolations. C'est ainsi que manœuvre la double armée qu'il a créée : les *prêtres et frères de la Mission*, et les *Sœurs de charité*. Son invincible activité léguée à sa famille religieuse se trouve dans cette pensée à la fois touchante et profonde de l'une de ses filles qui a vécu de notre temps : « L'amour de Dieu doit avoir des bras et des jambes au service du prochain[1]. » On peut dire de lui que, même au lit de mort, il ne se reposa jamais. Le gouvernement royal alors débordé, là comme ailleurs, finit par lui abandonner entièrement le domaine de l'assistance publique. M. Feillet produit un document qui prouve qu'il en fut officiellement comme le surintendant. Vincent, *M. Vincent*, comme on disait, constitua de toutes pièces un nouvel organisme social ; de monacale et empi-

1. Sœur Rosalie.

rique qu'était naguère la Charité, il en fit une administration séculière, quelque chose de mixte, où l'élément religieux s'appuya sur l'élément laïque et s'en servit tout en le servant. Les bases qu'il jeta alors, on les retrouve aujourd'hui chez toutes les nations civilisées.

Voilà ce qui valut les honneurs de la canonisation au fils du paysan landais, au plus humble des prêtres.

Mais, d'un autre côté, ce serait une erreur de croire que Vincent ait été un créateur dans le sens absolu du mot : comme le Messie, il avait eu un précurseur.

Nous touchons ici à un côté palpitant.

Combien peu de personnes, en dehors de celles qui ont lu le *Port-Royal* de Sainte-Beuve, savent nettement aujourd'hui ce que représente le mot « Jansénisme ! » A le prendre dans sa réalité actuelle, contemporaine, écrivait M. Charles Louandre dans son introduction à l'édition des *Provinciales* de Charpentier (1853), « il consiste en deux cents familles environ de la paroisse Saint-Séverin ; et les Frères de Saint-Antoine sont, de nos jours, le seul souvenir vivant qui le rappelle... Le plus dévoué de tous les jansénistes modernes fut M. Louis Silvy, qu'on pourrait appeler le dernier solitaire de Port-Royal. Né à Paris le 27 novembre 1760 d'une ancienne famille parlementaire, M. Silvy est mort le 12 juin 1847. Devenu, vers 1837, acquéreur des ruines de Port-Royal, il fit construire un oratoire sur la place qu'avait occupée l'autel de l'ancienne église. Les *Frères de Saint-Antoine,* dits aussi *Tabourins,* ont succédé depuis comme propriétaires à M. Silvy et sont restés attachés à la tradition janséniste. Les lieux illustrés par la mère Angélique (Arnauld) sont encore visités aujourd'hui par quelques pèlerins fidèles qui vont y réciter l'office des *saintes reliques.* »

Rien de plus de nos jours; mais remontons un peu : que fut le jansénisme au XVIIIe siècle? Tout, on peut le dire; tout, jusqu'aux années de l'encyclopédie qui substituèrent le philosophisme à la théologie. Il faut lire le récent ouvrage de M. Félix Rocquain : *l'Esprit révolutionnaire avant la Révolution,* pour se rendre compte de cette énonciation en apparence hasardée. Les « cent et une propositions » du livre du P. Quesnel et la bulle *Unigenitus,* que nous ne connaissons guère plus que de nom, ont représenté au siècle passé ce que le marquis d'Argenson appelait les « nationaux » et les « sacerdotaux » et ce que nous appelons, nous, les « libéraux » et les cléricaux ». Sous couleur de défendre les libertés de l'Église gallicane, les jansénistes représentés par le Parlement et le bas clergé, soutenaient les thèses de liberté politique les plus hardies ; et sous prétexte de défendre l'orthodoxie romaine, les sacerdotaux, représentés par la cour et les évêques, usaient à outrance du bras séculier : la bulle *Unigenitus* fit à elle seule lancer 45,000 lettres de cachet ; et de 1715 à 1789 on compte, à Paris seulement, 780 brochures ou livres condamnés. En 1765 le Parlement d'Aix fit brûler sur l'échafaud, par la main du bourreau, un bref de Clément XIII.

Mais continuons à remonter, et nous trouverons toute autre chose. — Corneille Janssen ou Jansénius, qui fut évêque d'Ypres, né en 1585 et mort de la peste en 1638, légua le manuscrit de son *Augustinus* à un ami, Reginald Lamée, avec mission de le publier, en disant : « Mon « sentiment est qu'on y peut difficilement trou- « ver quelque chose à changer ; si toutefois le « Saint-Siège veut qu'on y change quelque « chose, je suis enfant d'obéissance et enfant « obéissant à l'Église romaine, en laquelle

« j'ai toujours vécu jusqu'au lit de mort. C'est « ma dernière volonté [1]. » Certes! voilà bien un hérésiarque inconscient s'il en fut jamais! Aussi son hérésie est-elle vraiment *sui generis!* « Voyez ces cinq propositions, disait-on à quelqu'un; qu'en pensez-vous? — Je les trouve détestables, hétérodoxes, condamnables au premier chef. — Parfaitement; alors vous reconnaissez que Jansénius et son livre sont hérétiques? — Jamais! car ces propositions ne se trouvent nulle part dans le livre de Jansénius. — Cependant, la Faculté de théologie les y a relevées, le Saint-Siège est de cet avis, et votre devoir de chrétien est de vous soumettre à leur opinion. — Aucunement : mon devoir de chrétien est d'accepter les décisions de la Faculté de théologie et du Saint-Siège sur les questions de doctrine, mais point sur les questions de fait. Ni la Sorbonne ni Rome ne peuvent m'imposer de croire qu'il fait nuit au moment où nous parlons, alors que la clarté du soleil qui nous entoure me montre que nous sommes en plein midi. Dieu même ne saurait entreprendre cette tâche, car il ne peut rien contre

1. Sainte-Beuve, *Histoire de Port-Royal*, t. II, p. 89 et *pass.*

ses lois... » Et ainsi de suite, pendant des années et des années, à grand renfort de volumes, de brochures, de thèses, d'édits et d'arrêts souverains.

Maintenant, pourquoi cela est-il arrivé? Comment Reginald Lamée méconnut-il la dernière volonté de son ami qui impliquait la communication de son manuscrit à la censure romaine? Tout simplement, à mon humble avis, parce que cela est entré dans les vues de la Providence, qui accomplit son œuvre quoi qu'en *dient* et en pensent prêtres et laïques. On a vu en quel état était l'humanité française à l'époque que nous étudions. Eh bien, le jansénisme fut pour cette société une renaissance morale et religieuse pleine de grandeur. En laissant de côté la question purement doctrinale qui, comme il vient d'être indiqué, ne repose que sur une équivoque, on y trouve le vigoureux effort des plus belles, des plus hautes, des plus pures intelligences pour soustraire la morale chrétienne à la casuistique délétère de la compagnie de Jésus. Beaucoup plus que de nos jours, cette compagnie se divisait, on peut dire, en deux ordres : les simples prêtres qui s'occupaient avec intelligence, piété et dévouement de l'éducation de la jeunesse ou des cérémonies du culte, et les docteurs qui fouillaient les textes sacrés pour en faire sortir les interprétations les plus torturées, parfois les plus audacieuses. Heureusement oubliés de notre génération, les Filiutius, les Caramuel, les Sanchez, les Bauny, les Vasquez n'étaient pas moins connus alors que celui dont le nom a fourni un substantif et un verbe à notre langue [1]. Duvergier de Hauranne, le célèbre abbé de Saint-Cyran, ami et inspirateur de l'évêque d'Ypres, était mort depuis déjà quelques années, quand éclata, à la suite d'un incident de confessionnal, le désaccord entre l'orthodoxie et le jansénisme [2]; mais ses disciples, les Arnauld, Lancelot, Nicole, étaient derrière Pascal prenant le jésuitisme corps à corps, et c'est parce que le mince volume

1. Et même un adjectif, car Pascal dit « des mœurs escobartines ». — Il y a d'ailleurs lieu d'ajouter qu'Escobar était un très saint prêtre (voir l'opinion exprimée par l'impartial Littré au mot *Escobarder* du grand dictionnaire) et que toute cette casuistique fut condamnée, en 1679, par le pape Innocent XI, ainsi que par le clergé de France en 1700.

2. Le refus de l'absolution à un grand seigneur très considéré, le duc de Liancourt, qui avait sa fille, Mlle de la Roche-Guyon, chez les dames de Port-Royal.

des *Provinciales* est l'expression accomplie de cette lutte mémorable, qu'il est demeuré comme un monument granitique pour la postérité.

Partant de ce principe que les riches ne doivent que leur superflu aux pauvres, Vasquez avait dit en son traité de l'Aumône : « Ce que les personnes du monde gardent pour relever leur condition n'est pas appelé *superflu;* et c'est pourquoi à peine trouverait-on qu'il y ait jamais de superflu chez les gens du monde, et non pas même chez les rois[1]. »

La première protestation pratique contre cette doctrine destructive de la charité vient du jansénisme. M. Feillet complète à cet égard, par des recherches et des révélations curieuses, ce qu'avait précédemment indiqué Sainte-Beuve[2]. Charles Maignart de Bernières, dont le nom nous est tout à fait inconnu, était un magistrat de Rouen, qui vendit sa charge de maître des requêtes afin de se consacrer entièrement au service des pauvres. « Ami et disciple de Port-Royal, il trouva des soutiens pour son œuvre dans deux de ses collègues,

1. V. la sixième *Provinciale,* et *passim* dans les autres.

2. V. tout le chapitre xe de *la Misère au temps de la Fronde.*

du Gué de Bagnols et Lenain, qu'une affection filiale unissait comme lui à la pieuse maison de Saint-Cyran. » Avec des ressources assez faibles, ces hommes, qui avaient l'esprit d'organisation, firent des choses vraiment remarquables. C'est Bernières qui, devançant de beaucoup son époque, a imaginé l'application de la publicité à la charité? Ses *Relations* devinrent une sorte de Revue des misères publiques, qui paraissait à peu près régulièrement et allait secouer la fibre charitable jusqu'aux extrémités de la France. Leur succès fut si grand, qu'à un certain moment de recrudescence, il fallut les réimprimer à la demande des propagateurs de l'œuvre.

On peut dire que Maignart de Bernières et son groupe janséniste jetèrent les bases de l'organisation à laquelle Vincent de Paul devait donner de si larges développements. A l'origine, les deux charités, l'hérétique et l'orthodoxe, voguèrent de conserve et s'entr'aidèrent. Mais, à un moment donné, la scission se fit. Quand? comment?... M. Feillet ne donne à ce sujet que quelques indices vagues qu'il a recueillis çà et là dans le cours de ses nombreuses recherches, tels que cette phrase d'un prédicateur jésuite disant « qu'il savait que les aumônes publiques qu'on avait recueillies pour les pauvres de Champagne et de Picardie avaient été employées à entretenir des gens qui dogmatisaient contre l'Église », mots couverts désignant suffisamment les religieuses et les solitaires de Port-Royal.

M. Feillet aurait mieux et même tout compris si, laissant un moment les recherches directes, il se fût reporté aux *Provinciales.* Il eût, en effet, constaté que la quatrième lettre, celle « où l'affaire décidément s'engage », pour parler comme Sainte-Beuve, c'est-à-dire où Pascal place les docteurs de la société sur la sellette, porte la date de février 1656. Or, personne n'ignorant alors à quelle source Louis de Montalte (pseudonyme de Pascal) puisait ses éléments, il est évident qu'à partir de cette flagrante bataille, il y eut démarcation dans l'œuvre de charité comme dans tout le reste. A la démarcation succéda l'antagonisme; à l'antagonisme la défaite; à la défaite l'immolation du vaincu. Remarquons en effet ceci : en 1661, Maignart de Bernières est obligé de se retirer à Issoudun, où il est exilé et où il meurt en 1662. Mais remarquons également ceci : c'est que le jour où il quitta Paris pour obéir aux ordres de la Cour, on vit comme une émeute des honnêtes gens : « il y eut, « dit Sainte-Beuve, jusqu'à quatre cents car- « rosses de gens qui venaient lui faire leurs « adieux. »

Je n'ai pas à rechercher quel rôle Vincent de Paul joua dans cet ostracisme. Il est peu probable que l'inimitié soit jamais entrée dans cette grande âme pleine de mansuétude, et qui du reste était trop absorbée par son œuvre immense, pour avoir le loisir de se faire persécutrice. Je suis d'ailleurs un simple collectionneur de faits sociaux, et je trouve que, demeuré jusqu'ici à peu près ignoré, celui qui vient d'être rappelé offre une réelle importance. Rien, en effet, de plus caractéristique que le mouvement janséniste au XVIIe siècle. L'évêque d'Ypres « eut pour « disciples dans la magistrature, dans la no- « blesse, dans le clergé, des hommes à principes « austères, des esprits sérieux, qui se ratta- « chaient avec force à la foi catholique ébran- « lée par le XVIe siècle, et cherchaient, en se « tenant neutres entre la scolastique et la phi- « losophie moderne, une sorte de refuge spiri- « tuel, pour s'y reposer dans la pratique des

« vertus chrétiennes[1]. » Ce refuge n'était pas d'ailleurs tout spirituel, et l'expression ici ne doit pas être seulement prise au figuré. Les esprits les plus distingués de notre temps, Villemain, Cousin, Sainte-Beuve, ne se seraient pas occupés avec tant d'insistance de Port-Royal-des-Champs, si ce lieu, resté célèbre, n'avait exercé une influence marquée sur l'esprit et les mœurs du XVIIe siècle.

Port-Royal n'était pas un couvent offrant les inconvénients et les répulsions de la moinerie d'alors; c'était une agglomération de petites résidences rappelant ce que représentent aujourd'hui en Belgique les béguinages. On ne comptait que vingt et quelques solitaires y vivant à demeure. Les autres habitations servaient d'asile temporaire plus ou moins prolongé aux gens du monde. Pendant que les femmes les plus brillantes mouraient absolument au siècle en se faisant carmélites, les hommes les plus éminents de la noblesse, de la magistrature venaient faire des retraites au désert de Port-Royal. Le duc de Luynes, profitant du voisinage de Chevreuse, y était presque constamment, et les

1. Ch. Louandre, Introduction aux *Provinciales*.

récits du temps nous le montrent défendant, à la tête des solitaires armés, le couvent attaqué par les bandes du duc de Lorraine. Les grandes douleurs, ceux qui, ayant déjà vécu de longues années, voulaient, de parti prémédité, mettre un intervalle entre la vie mondaine et l'heure de la mort, venaient soit se retremper, soit se faire oublier dans ce pieux refuge où ne s'échangeaient que les pensées les plus hautes, que les entretiens les plus austères. On a pu remarquer en lisant Saint-Simon, que ces habitudes se prolongèrent, presque jusqu'à la fin du règne de Louis XIV, puisque c'est seulement en 1709 que Port-Royal-des-Champs fut fermé par ordre du roi et les solitaires dispersés.

Maintenant, lecteur, avec M. Cousin, « transportez-vous au haut du faubourg Saint-« Jacques, dans une rue assez étroite qui « porte le triste nom de rue de la Bourbe, au « delà de la rue nouvelle du Val-de-Grâce; « arrêtez-vous devant un édifice d'une modeste « apparence qu'on appelle aujourd'hui hospice « de la Maternité[1]. » C'est là que vécurent et

1. V. le 3e chapitre de *Madame de Sablé*. — La rue de la Bourbe s'est appelée depuis *rue de Port-Royal*. Puis elle a disparu, absorbée par le nouveau boulevard de ce nom.

prièrent toutes les illustres femmes du parti janséniste, dont la mère Angélique Arnauld, qui gouvernait religieuses et nobles dames avec une autorité toujours obéie; car, à Paris comme aux Champs, le couvent était un béguinage, et c'est dans une maison qu'elle s'y était fait bâtir que Mme de Sablé réunissait ce groupe de beaux esprits qui rappelle à son brillant historien la société de Mme Récamier à l'Abbaye-aux-Bois.

Il va de soi que le calme dont on cherchait à jouir dans ces saintes retraites fut plus d'une fois troublé par les incidents du dehors. L'un d'eux fut la condamnation des *Provinciales* prononcée par arrêt du conseil d'État en 1660.

Le pseudo Louis de Montalte avait alors disparu: on savait que le véritable auteur était Blaise Pascal, fils du président Pascal, jeune homme à qui ses travaux mathématiques et l'austérité de sa vie avaient fait par ailleurs une grande renommée. Ses célèbres pamphlets furent lacérés et brûlés par la main du bourreau. On n'était pas encore blasé sur ce genre d'exécution comme on le fut au siècle suivant, où le bourreau vivait, pour ainsi dire, au milieu des flammes. Aussi l'émotion fut-elle grande.

Cette exécution n'était d'ailleurs qu'un des épisodes de la première persécution effective contre le jansénisme. Ce fut Mme de Longueville, gagnée par son amie Mme de Sablé, qui conjura pour cette fois la crise, en s'y jetant avec toute la vaillance de son esprit enfin bien employée.

Mais, en 1664, l'archevêque de Paris, Péréfixe, accompagné du lieutenant civil et de deux cents archers, pénètre au couvent du faubourg Saint-Jacques et en expulse un certain nombre de religieuses, dont la sœur et les deux filles d'Arnauld d'Andilly. Celui-ci, qui était présent, est exilé à cause de sa noble attitude en cette douloureuse circonstance[1].

On comprend, s'agissant de telles personnes, l'impression que de pareils faits devaient produire sur les esprits. Aussi, alors comme dès avant la Fronde, l'antagonisme religieux était partout. Par une conséquence naturelle, l'art, qui prend ses inspirations où il les trouve, avait fini par faire de ces graves matières l'objet de l'une de ses antithèses favorites. Si bien que la portée de plus d'une de ses manifestations

1. V. *Madame de Sablé*, de M. Cousin, à l'Appendice, p. 359.

puisées à cette source nous échappe aujourd'hui. Il est, par exemple, incontestable que *Polyeucte*, que nous considérons traditionnellement comme la plus belle œuvre de Corneille, nous laisse généralement froids... Pourquoi? La critique contemporaine vient de nous le révéler : l'intérêt dramatique (on aura peine à le croire) gît dans l'antithèse entre le molinisme et le jansénisme; en d'autres termes, dans la lutte entre la doctrine du libre arbitre et celle de la grâce *irrésistible*. Néarque est un disciple de Molina lorsque, parlant de la grâce, il admet qu'on puisse ne pas céder à son action (acte I, sc. I) :

Après certains moments, que perdent nos longueurs,
Elle quitte ces traits qui pénètrent les cœurs;
Le nôtre s'endurcit, *la repousse*, l'égare.

Polyeucte, au contraire, est tout à fait dans les idées de Jansénius lorsqu'il s'écrie, rempli d'un saint enthousiasme (acte II, sc. VI) :

C'est l'attente du ciel; il nous la faut remplir...
Dieu fait part au besoin de sa force infinie :
J'attends tout de sa grâce, et rien de ma faiblesse.

Et la magnifique explosion de Pauline, si connue (acte IV, sc. III) :

> Je vois, je crois, je *sais;* je suis désabusée ;
> C'est *la grâce* qui parle...

Et Félix, s'écriant (acte V, sc. VI) :

> ...Par un mouvement *que je ne puis entendre,*
> De ma fureur je passe au zèle de mon gendre.

Si notre génération ne perçoit qu'à demi toutes ces beautés, c'est que son esthétique n'en saisit plus que le côté purement littéraire. Mais nos pères savaient fort bien que toutes ces éloquentes tirades étaient la paraphrase de la première des cinq propositions de Jansénius, pour laquelle tant de nobles personnalités avaient subi les persécutions ou la défaveur, et leurs impressions s'accentuaient en conséquence. En un mot, la poésie illuminait de ses rayons divins, mais ne faisait point oublier le rude latin qu'échangeaient les docteurs[1].

1. Voici le texte de la première proposition de Jansénius, ou du moins attribuée à Jansénius : *Aliqua Dei præcepta hominibus justis volentibus et conantibus secundum præsentes quas habent vires, sunt impossibilia; deest quoque illis gratia quâ*

possibilia fiant. — Ce qui signifie couramment : Livré à nos seules forces, toute la bonne volonté et tous les efforts du monde ne nous font pas arriver à certains résultats qui, au contraire, nous deviennent possibles dès que la grâce s'en mêle.

Ce caractère janséniste de Polyeucte, sommairement indiqué par M. G. Merlet dans ses *Études littéraires sur les classiques français de la rhétorique*, a été repris, et développé avec une abondance de preuves irrésistibles par M. Albert Lias, dans une excellente étude insérée au journal *l'Instruction publique*, numéro du 12 janvier 1878.

II

LE PROCÈS DE FOUQUET ET SES EFFETS. — RÉSUMÉ

J'ABORDE un ordre de faits qui paraît tout différent, mais qui n'en est pas moins très sensiblement dominé par les idées qui viennent d'être indiquées : le courant janséniste. Il s'agit du procès de Fouquet appartenant au Parlement où le jansénisme comptait ses plus solides appuis.

« Le crime de Fouquet est encore aujourd'hui un problème », dit un dictionnaire de biographie : c'est parler d'or. Oui, quel fut en réalité le crime de Fouquet? Quelles actions énormes ont pu motiver l'énormité de la procédure suivie contre lui? Condamné à l'exil avec confiscation de ses biens, quelle raison d'État a pu faire changer cette peine, déjà sévère et prononcée par un tribunal d'exception, en un *carcero duro* perpétuel? Il suffit d'un peu de réflexion pour rejeter l'idée que ce furent les concussions du surintendant qui inspirèrent au jeune roi la haine implacable, on peut dire féroce, que Walckenaer relève avec raison comme exceptionnelle en sa longue carrière.

Les concussions d'un surintendant ou d'un premier ministre! Mais depuis la mésaventure d'Enguerrand de Marigny, sous Louis le Hutin, quel roi s'en était jamais formalisé jusqu'à vouloir la mort du pécheur? Louis XIV, si jeune qu'il fût encore, devait bien savoir à quoi s'en tenir sur cette matière. Il ne pouvait ignorer quelle fortune avait laissée Richelieu; il avait eu entre les mains celle de Mazarin, qui, comme on sait, lui en avait fait donation par acte authentique peu de jours avant sa mort. L'air convaincu avec lequel on le voit rendre cette fortune au moribond comme un don de sa royale munificence n'en a jamais imposé à l'histoire: elle a parfaitement compris qu'il s'agissait là d'une transaction de confessionnal. Et Colbert qui fut le promoteur de l'arrestation de Fouquet, Colbert, le grand Colbert, s'imagine-t-on, comme dit M. Cousin, que c'est au moyen d'économies réalisées sur son traitement de ministre qu'il est arrivé à doter ses trois filles devenues duchesses, et à faire bâtir sa magnifique maison de Sceaux[1]? Encore une fois, sous l'ancien régime, la concussion était dans le droit commun de certaines positions gouvernementales, et les contemporains de Richelieu avaient dû rire quand ils avaient vu motiver, sur des malversations, la condamnation du maréchal de Marillac jugé mystérieusement au château de Rueil, dans la propre demeure du cardinal. Non : la probité administrative, fille de la science financière, est comme sa mère, de naissance bourgeoise, c'est-à-dire révolutionnaire, ainsi que nous disons dans notre jargon politique ; efforçons-nous de nous persuader que si nos pères ne pratiquaient guère l'une, c'est qu'ils n'avaient que de bien vagues notions quant à l'autre.

Le chef de concussion écarté, que reste-t-il donc à la charge de l'infortuné Fouquet? C'est

1. V. *Madame de Longueville pendant la Fronde*, p. 213.

précisément ici que se dressent les points d'interrogation. Qu'y avait-il au fond de la mystérieuse cassette où la vanité de ce Jupiter parvenu renfermait la correspondance et les cheveux de ses nobles Danaés? Pourquoi la découverte d'un portrait de Mlle de la Vallière à Vaux, durant la fête célèbre donnée au jeune roi, le mit-elle dans une si grande fureur, qu'il voulut un moment faire arrêter le surintendant sur l'heure, au milieu de ses hôtes? Pourquoi ce secret dont Fouquet fut entouré à Pignerol, secret à ce point absolu et prolongé qu'il a beaucoup contribué à l'histoire légendaire du masque de fer? Autant de questions dont l'examen me conduirait trop loin, et que je préfère passer à la sagacité si souvent heureuse de l'auteur des *Problèmes* et des *Questions historiques*.

Mais il est un point qu'il est intéressant de mettre en relief, c'est celui-ci : par l'effet de l'un de ces cumuls excentriques assez fréquents sous l'ancien régime où le gouvernement était tout à fait empirique, en ce sens qu'il ne reposait sur aucune institution proprement dite, Fouquet surintendant des finances se trouvait être en même temps procureur général près le Parlement. Or, personne n'ignore ce que fut le

Parlement de Paris ; jusqu'à sa fin, il aurait pu dire, en exagérant la vantardise castillane du vieux Ruy Gomez :

> Nous touchons à la fois
> Du pied à tous les ducs, du front à tous les rois...

Ce qui signifie qu'allié aux plus grandes familles de l'aristocratie, ses affinités s'étendaient en même temps dans toute la haute bourgeoisie[1]. Quand un parlementaire important mourait, toute la classe moyenne de sa ville prenait le deuil pour faire croire à sa parenté, comme naguère notre faubourg Saint-Germain à la mort d'un Montmorency.

Laisser Fouquet à ses juges naturels, c'est-à-dire à ses pairs les parlementaires, c'était s'exposer à le voir acquitter. Le soustraire à leur juridiction malgré le caractère élevé de sa magistrature, c'était une trop forte énormité : on parvint à l'amener à se défaire de sa charge au moyen d'un subterfuge qui révolta les esprits lorsqu'une fois arrêté, la formation d'un tribunal d'exception choisi par le roi lui-même,

1. Par exemple, le second duc de Luynes (fils du connétable et de Mme de Chevreuse) avait épousé la fille d'un Séguier qui portait le nom de Soret (Tallemant).

révéla le but de la manœuvre. L'intérêt qu'inspirait son sort s'augmenta d'un mélange d'indignation[1]. Arrêté en 1661, le surintendant vit son procès se prolonger jusqu'en décembre 1664, avec les incidents les plus dramatiques. La cour et la ville, Paris et la province, s'y précipitèrent, on peut dire, à corps perdu. Malgré l'exil, au moins momentané, qui frappait tous les amis déclarés de l'accusé, tels que les Arnauld, les plus nobles esprits se déclarèrent pour ce grand vaincu[2].

Mme de Sévigné, quoique jusqu'à un certain point compromise par sa légèreté, ne l'abandonna pas. Elle s'honora hautement par le dévouement qu'elle lui conserva, et dont on trouve des traces dans ses lettres enchanteresses, où elle ne l'appelle jamais que notre cher ami ou notre cher malheureux : « Tout « le monde, écrit-elle à Pompone exilé à l'ap- « proche du dénouement, tout le monde s'in-

1. Il vendit sa charge à son parent, Achille de Harlay, 1,400,000 livres, sur lesquelles il offrit au roi, qui les accepta bel et bien, un million pour ses dépenses secrètes (La Vallière et autres...) V. Chéruel, ouvrage cité, t. II, p. 221.

2. V. le procès de Fouquet au chapitre XIX du t. II de Walckenaer, et au t. II, p. 412 et suiv. de Chéruel. — Ouvrages cités.

« téresse à cette grande affaire. On ne parle « d'autre chose; on raisonne, on tire des con« séquences, on compte sur ses doigts, on « s'attendrit, on craint, on souhaite, on *hait*, « on admire, on est triste, on est accablé : « enfin, mon pauvre monsieur, c'est une chose « extraordinaire que l'état où l'on est présente« ment; c'est une chose divine que la résigna« tion et la fermeté de notre cher malheureux : « il sait tous les jours ce qui se passe, et il fau« drait faire des volumes à sa louange... »

Lignes frémissantes! lignes immortelles! qui, en même temps qu'elles achèvent de peindre l'époque que je tiens sous ma plume indignée, répondent éloquemment à la niaiserie prud'homesque consistant à dire que Mme de Sévigné avait trop d'esprit pour avoir du cœur : comme si ce cumul n'était pas le lot providentiel de son sexe[1].

Il faut d'ailleurs ajouter que la littérature entière du temps fut du côté de Fouquet, qu'elle

1. Il n'y a pas moins de *douze* lettres connues de Mme de Sévigné sur le procès de Fouquet; douze lettres admirables d'éloquence et de passion. — Un de ses historiens-biographes, aussi consciencieux que sympathique, se demande si cette vive douleur ne révéla pas à la noble dame que Fouquet avait occupé dans

ne l'abandonna pas même après sa condamnation, et, s'il n'y a pas à citer ici le touchant appel de La Fontaine à la clémence du roi, c'est que tout le monde a lu la charmante élégie des *Nymphes de Vaux* :

> Nymphes qui lui devez vos plus charmants appas,
> Si le long de ces bords Louis porte ses pas,
> Tâchez de l'adoucir...

Elles n'y réussirent pas! Mais l'opinion publique les vengea. « M. Pellisson m'a fait l'honneur de se donner à moi, » avait dit Fouquet, au comble de la puissance, lorsqu'il s'adjoignit l'avocat homme de lettres. Pellisson sut montrer qu'il était digne qu'on ait, parlant de lui, employé ce grand langage. Du fond de la Bastille, où il fut tout d'abord jeté, il remua la France par sa prose et ses vers, que les presses clandestines des dames Fouquet tiraient à des milliers d'exemplaires. Ses *défenses* ou *discours* en faveur du « cher malheureux » ont laissé un

son cœur une plus grande place qu'elle n'avait pensé? — L'idée est parfaitement acceptable : ce sont là de ces *illuminations par l'épreuve* qui sont plus fréquentes qu'on ne suppose chez l'un comme chez l'autre sexe. — V. Aubenas, *Histoire de madame de Sévigné, de sa famille et de ses amis*, p. 136.

moins durable souvenir dans les esprits que son araignée légendaire qui probablement n'a jamais existé; mais les appréciateurs compétents les placent bien au-dessus de tous les plaidoyers de l'époque, et il n'est pas douteux qu'à leur puissance est en partie dû le grand revirement qui s'opéra dans les esprits pendant la longue instruction du procès. Ce ministre, à la chute duquel ses amis seuls avaient été sensibles, devint peu à peu si intéressant, que l'élite de la société finit par se vouer à sa cause. Les femmes les plus distinguées: Sévigné, Scudéry, d'Asserac, de Maure, Duplessis-Guénégaud prirent la tête de cette croisade. La France entière, y compris Turenne et Condé, s'inclina devant Olivier d'Ormesson, le magistrat chargé de l'instruction, qui laissa briser sa carrière, plutôt que de se faire l'instrument aveugle des passions de Colbert[1].

La mort, qui frappa presque coup sur coup plusieurs des juges qui l'avaient appelée sur la tête de Fouquet, vint, avec une funèbre coïncidence, ajouter à l'impression jetée dans les

1. C'est le *Journal* laissé par Olivier d'Ormesson qui fait connaître les incidents de cet immense procès, dont le retentissement dépassa tout ce que nous avons pu voir en ce genre.

esprits par ce grand drame judiciaire[1]. On vit là comme une réplique du ciel, répondant aux rigueurs dont avaient été frappés ceux des magistrats qui n'avaient opiné que pour le bannissement. L'étrange et cruelle *commutation* imaginée par le roi, qui avait converti cette peine en une détention perpétuelle, fut comme une dernière provocation jetée à la conscience publique. « L'odieux d'un tel abus de pouvoir, « dit un écrivain toujours en adoration devant « le grand roi, rejaillit sur Colbert et sur Le « Tellier, qui étaient regardés comme les per- « sécuteurs acharnés du surintendant : le nombre « de satires, d'épigrammes, de libelles par les- « quels s'exhala la haine qu'avaient fait naître « ces deux ministres fut grand et rappela le « temps de la Fronde et des mazarinades. « Peut-être ce soulèvement de l'opinion empê- « cha-t-il Louis XIV de céder au sentiment de « sa clémence[2]? »

Ainsi en décembre 1664, au seuil de l'année 1665, c'est-à-dire seulement dix-huit mois

1. V. Chéruel, ouvrage cité, t. II, p. 440.
2. V. Walckenaer, ouvrage cité, t. II, p. 257.

avant la représentation du *Misanthrope,* nous pouvons encore saisir un de ces grands chocs moraux qui passionnent les esprits, émeuvent les cœurs, et qui rappellent les agitations de la Fronde à peine calmées. M. Cousin en a parfaitement le sentiment, et il en touche quelque chose dans son volume de *Madame de Sablé,* lorsqu'il parle du groupe janséniste réuni autour d'elle ; mais, comme toujours, dans son parti pris de glorification, il évite de creuser, de peur de trouver le tuf de « cette société, qui, « d'après lui, est peut-être encore ce que l'hu- « manité a produit de moins imparfait. »

On comprend que Molière, cet esprit méditatif, cet observateur de proie, comme on a dit avec exagération d'un écrivain contemporain, n'avait pas traversé en spectateur indifférent un pareil mouvement de faits et d'idées, un pareil conflit d'intérêts, de violences, de misères, de capitulations et de lâchetés. Sans pouvoir, dans sa modeste profession, s'écrier : *quorum pars magna fui!* il avait subi bien des contre-coups. M. Loiseleur nous le montre parcourant la province de 1646 à 1658, c'est-à-dire durant toute la période de la Fronde, et nous avons vu que la Fronde avait rayonné sur toute l'étendue de la France.

Quand en 1653, Conti, son ancien condisciple au collège de Clermont, le fit venir pour représenter *l'Étourdi* au château de Lagrange en Languedoc, ce prince, à la suite d'un traité secret avec la cour, venait de quitter Bordeaux, abandonnant sa sœur de Longueville et sa faction de l'*Ormée* aux représailles du cardinal. Ce bossu prétentieux se montra digne de lui-même dans ses rapports avec la troupe du poète acteur, et il ne l'eût payée qu'en monnaie de singe sans l'énergie de l'abbé Cosnac, son aumônier, qui le fit rougir en menaçant de prendre la dépense à sa charge[1]. Que de fois, au milieu de l'anarchie générale, Molière se fût-il trouvé frustré du salaire de ses peines sans le savoir-faire de Madeleine Béjart (la mère de Célimène), qui était une sorte de régisseur général, et surtout une caissière de premier ordre!

Rentré définitivement à Paris vers la fin de 1658, avec sa troupe, qui prit le titre de *Comédiens de Monsieur, frère du roi*, il assista à toutes les péripéties que nous venons de résumer. Il était devenu une sorte de personnage. *L'Étourdi*, repris à Paris pour sa pièce de début

1. Loiseleur, *les Points obscurs*, p. 166 et suiv.

au Petit-Bourbon, — *le Dépit amoureux* (1658), — *les Précieuses ridicules* (1659), — *l'École des maris* (1661, composée pour une fête donnée par Fouquet à la reine d'Angleterre), — *l'École des femmes* (1662), — *la Critique de l'École des femmes* (1663), — *Don Juan* (1665), enfin la haute faveur royale dont il était l'objet, l'avaient mis tout à fait hors de page. Il frayait avec les plus éclatantes personnalités du temps, et sans qu'on s'en aperçut, son esprit tenait registre de ce qu'il voyait, de ce qui le frappait, comme son fidèle Lagrange tenait registre de tous les faits matériels des représentations.

Ce fut certainement en ce temps qu'il connut Philinte. Il est bien clair que Philinte a été imaginé pour servir, comme disent les peintres, de *repoussoir* à l'homme aux rubans verts; et il est très probable que tout autre écrivain aurait laissé ce personnage à l'état de comparse. Mais le génie de Molière en a fait une création véritable, si bien qu'il a donné lui-même lieu à beaucoup de dissertations critiques. Les uns y ont vu purement et simplement un sceptique; d'autres, le type du bon sens et de la raison; d'autres encore, le type de l'égoïsme. Telle est, on le sait, la donnée du drame de Fabre d'Églantine, *le Philinte de Molière,* dont le héros est au dénouement puni par où il a péché. Je crois qu'il y a là beaucoup de suppositions vaines. Rien n'autorise à croire que Philinte soit ce qu'on entend généralement par *un sceptique.* Il n'est pas non plus un égoïste; car l'égoïste n'aime que soi ou son enfant — quand il est unique, — et nous voyons Philinte entourer ALCESTE d'une sollicitude qu'aucune rebuffade ne peut lasser.

Si Fabre d'Églantine avait vécu plus longtemps, s'il avait traversé en observateur l'époque du Consulat ou de la rentrée des Bourbons, il aurait, comme Molière, connu véritablement Philinte, et, après l'avoir comme lui fréquenté, il aurait compris que l'ami d'enfance de notre héros, c'est l'homme qui a plus ou moins frayé avec tous les partis et qui les a tous servis avec une certaine conscience.

Philinte était contre les princes à la première Fronde, avec eux à la seconde; c'est lui qui, sachant que Mazarin le faisait chercher dans Paris où il se trouvait caché en vue de lui faire un mauvais parti, vint se présenter tranquillement au cardinal et offrir ses bons offices pour négocier avec Condé; c'est lui qui, plus tard, rendit de véritables services au premier Consul en initiant sa grandeur de parvenu aux usages de la cour oubliée; c'est lui qui, après avoir été ministre de Louis XVI, devint aide de camp de l'empereur et se montra à la hauteur de grandes situations. En un mot, Philinte n'est, à proprement parler, ni un sceptique, ni un égoïste; on pourrait le définir « la résultante inévitable des oscillations d'une société ébranlée qui tend à reprendre son assiette ». C'est l'éternel : *Me voici!* de l'humanité politique. Il rappelle un peu le major légendaire de la jolie comédie de Gozlan répondant mystérieusement à ceux qui l'interrogent sur sa personnalité : « Il n'y a jamais eu qu'un major; il était à Fontenoy, on l'a vu à Waterloo : il est devant vous. »

Complétons maintenant la chronologie théâtrale qui précède par le fait culminant de notre étude : *le Misanthrope* fut représenté pour la première fois le vendredi 4 juillet 1666. C'est donc à tort que Walckenaer, d'ordinaire si exact, avait placé ce grand fait littéraire en l'année 1667[1]. Le *Registre de La Grange,* récemment publié, ne laisse subsister aucun doute à ce sujet[2]. On ne peut admettre qu'une pareille

1. T. II, p. 395 et t. III, p. 78 de l'ouv. cité.

2. *Registre de La Grange,* p. 81.

œuvre soit le fruit d'une improvisation. Molière, directeur de troupe, improvisait bien ses pièces légères, celles qui lui étaient commandées pour certaines circonstances données; mais, poète, il roulait longtemps dans son esprit, il soumettait à une longue incubation celles qu'il créait au point de vue de l'art; il est donc très probable qu'il faut reporter à 1663 ou 1664, au plus tôt, la conception du *Misanthrope*.

. . . .

Tels sont les faits. J'ai conduit la situation où j'avais à la conduire, et il ne me reste plus qu'à la résumer. Eh bien, je la résume en disant :

L'appréciation qu'on nous a appris à faire du XVIIe siècle est fausse dans sa généralisation. Les cinquante-cinq années de ce siècle, comprises entre la mort de Henri IV et la condamnation de Fouquet, présentent le spectacle historique le plus ondoyant, le plus divers, le plus varié dans sa complexité.

Si cette période a vu naître notre langue, c'est parce que le terme de sa gestation était arrivé; si elle a produit nos écrivains les plus originaux, c'est parce que l'originalité est toujours le caractère distinctif de ceux qui usent d'une langue nouvellement formée : ils y trouvent comme une jeune saveur qui les pénètre et qui nous frappe dans leurs écrits : témoins Lucrèce et Dante.

Politiquement et socialement, cette période n'a aucun des mérites qu'on lui attribue : elle n'a pas détruit l'aristocratie nobiliaire (qu'on appelle à tort *féodalité*), puisque cette aristocratie a constamment dominé la France et a failli la perdre au milieu du siècle ; elle n'a pas adouci les mœurs par sa politesse recherchée et prétentieuse, parce que cette politesse n'a jamais été (à bien peu d'exceptions près) qu'une simulation cachant les habitudes les plus brutales, les goûts les plus dépravés.

Jamais, même au temps de la Ligue qui l'avait précédée, jamais, même au temps de la Révolution qui l'a suivie, on n'a vu dans notre histoire époque comparable à celle de la Fronde. La société française resta un moment comme effondrée sur elle-même ; et qui sait si elle se serait jamais relevée sans le grand mouvement de renaissance religieuse qui, agissant à la fois dans le champ des idées et dans celui des nécessités matérielles, sut remonter les âmes tout en alimentant les corps !

Supposons que dans deux cents ou deux cent

cinquante ans, un critique de l'avenir, après avoir longtemps tenu sa tête entre ses mainss s'écrie en manière d'*Eurêka :* « Harold, c'est lord Byron! Rolla, c'est Alfred de Musset! » La belle découverte qu'il aura faite là vraiment! N'est-il pas bien clair que l'intéressant pour ses lecteurs sera d'apprendre par suite de quelle série de faits sociaux, de quelles influences morales, de quelle évolution d'idées, un pair d'Angleterre a pu devenir le poétique aventurier que nous connaissons; et comment le jeune blondin, que bien des hommes de notre génération ont vu dansant le galop chez Nodier, a pu, sans disparate ridicule, se placer dans le cadre grandiose que nous savons?

Lecteur, la série des faits sociaux, les influences morales, l'évolution d'idées, vous les avez; je viens de vous les soumettre. Vous tenez donc, et vous allez, j'espère, en convenir :

Le mot de l'énigme d'Alceste.

V

CE QU'EST ALCESTE

CE QU'EST ALCESTE

LE MOT DE L'ÉNIGME

LCESTE est un symbolisme : c'est *l'explosion de l'honnêteté publique indignée se personnifiant dans un janséniste.*

Relisons le chef-d'œuvre des chefs-d'œuvre à la lumière de cette idée, et rien ne nous en échappera plus.

Vous avez entendu parfois dire : On ne comprend vraiment pas pourquoi cet homme se montre si exaspéré parce qu'il a perdu un procès et que sa maîtresse le trompe... Très juste serait la critique si l'exaspération du personnage n'avait pas en effet d'autre cause. Mais remarquez qu'elle préexiste au lever du rideau, ce qui rend l'exposition si pleine d'originalité. Il vient évidemment de se laisser aller à quelque sortie sur les iniquités dont il est sans cesse témoin, et sa colère continue à se faire jour, car Philinte veut l'apaiser :

Qu'est-ce donc ? qu'avez-vous ?

ALCESTE ne lui permet même pas de finir le vers :

Laissez-moi, je vous prie !...

Le dialogue s'engage aussitôt, et l'on voit se dérouler cette magnifique première scène qui saisit si vivement le spectateur. Sans doute ALCESTE ne peut faire aucune allusion directe aux énormités sociales qui motivent son emportement, car le directeur-auteur veut avant tout être joué, et il est trop sagace pour mettre dans la bouche de ses personnages un seul mot qui soit de nature à le brouiller avec le jeune roi-soleil, son véritable protecteur. Mais c'est évidemment cette contrainte même qui exalte ainsi

ALCESTE et le monte au paroxysme, les plus grandes colères étant celles que l'on ne peut faire tomber ouvertement sur quelqu'un ou sur quelque chose... Lisez à haute voix cette tirade; écoutez-le vous exprimer sa haine pour l'espèce humaine :

Non, elle est générale, et je hais tous les hommes :
Les uns, parce qu'ils sont méchants et malfaisants,
Et les autres, pour être aux méchants complaisants,
Et n'avoir pas pour eux ces haines vigoureuses
Que doit donner le vice aux âmes vertueuses.
De cette complaisance on voit l'injuste excès
Pour le franc scélérat avec qui j'ai procès.
Au travers de son masque on voit à plein le traître,
Partout il est connu pour tout ce qu'il peut être;
Et ses roulements d'yeux et son ton radouci
N'imposent qu'à des gens qui ne sont point d'ici.
On sait que ce pied-plat, digne qu'on le confonde,
Par de sales emplois s'est poussé dans le monde,
Et que par eux son sort, de splendeurs revêtu,
Fait gronder le mérite et rougir la vertu.
Quelques titres honteux qu'en tous lieux on lui donne,
Son misérable honneur ne voit pour lui personne :
Nommez-le fourbe, infâme et scélérat maudit,
Tout le monde en convient, et nul n'y contredit.
Cependant sa grimace est partout bien venue
On l'accueille, on lui rit, partout il s'insinue :
Et, s'il est, par la brigue, un rang à disputer

Sur le plus honnête homme on le voit l'emporter.
Têtebleu ! ce me sont de mortelles blessures
De voir qu'avec le vice on garde des mesures ;
Et parfois il me prend des mouvements soudains
De fuir dans un *désert* l'approche des humains.

Quels vers! En les entendant, ne croit-on pas sentir au visage ce « grand souffle tragique » qui n'est pas la bataille, mais qui l'annonce dans le lointain; et faut-il une bien grande perspicacité pour comprendre que sous le grondement de ce tonnerre, il y a autre chose que la mauvaise humeur d'un plaideur contrarié?

Remarquez encore cet aveu d'une aversion implacable contre tous les hommes, et rappelez-vous le passage plus haut cité de Mme de Sévigné :

« ... On s'attendrit, on craint, on souhaite, on HAIT!... » Qui donc hait-on? — ALCESTE, le mythe de la conscience publique, hait ceux qui ont ensanglanté, pillé et dévasté la France; ceux qui ont donné la main aux plus honteux compromis; ceux qui, après avoir fomenté la guerre civile, ont fomenté la guerre étrangère; ceux qui, troublés par la rigide contenance des jansénistes, reproche vivant de leurs turpitudes, ont entrepris de les perdre dans l'esprit d'un prince ignorant.

— Qui hait-on encore? « Ceux qui sont aux méchants complaisants », c'est-à-dire, ces juges prévaricateurs qui, pour faire leur cour au roi, ont persisté à siéger au procès de Fouquet quoique récusés par lui : ce Pierre Séguier, l'homme « aux roulements d'yeux et au ton radouci », dont Arnauld d'Andilly disait que « c'était Pierrot déguisé en Tartuffe[1] », créature de Colbert, qui présidait le tribunal avec une révoltante partialité; Pussort, oncle du même Colbert; Berrier, son âme damnée, mais âme à ce point bourrelée, que la folie — spectacle terrible! — s'empara du malheureux au moment même où il allait émettre son vote... Voilà ce qui pousse hors des gonds l'honnête homme, le janséniste, l'ami des Arnauld. Voilà ceux sur qui il décharge ces « haines vigoureuses », devenues une des grandes images de notre langue... Soyez bien convaincu que ceux qu'elles visent, ces haines, ce ne sont pas ses propres juges, les juges de son fameux procès.

Non : lorsqu'il s'agit de sa « plaiderie » personnelle, il envisage la chose à un point de

1. Mme de Sévigné paraît désespérée de ne pas avoir trouvé ce trait sanglant (lettre du 1er décembre 1664).

vue tout particulier, et sur lequel il y a également lieu d'insister, puisque c'est là encore un des côtés du type symbolique imaginé par Molière.

Le procès d'ALCESTE ne lui tient pas au cœur parce que sa fortune y est en partie engagée, mais parce que sa droiture, sa rigidité janséniste se révoltent à l'idée que, pour le gagner, il faudrait commencer par gagner ses juges. Écoutons :

PHILINTE.

Contre votre partie, éclatez un peu moins,
Et donnez au procès une part de vos soins.

ALCESTE.

Je n'en donnerai point, c'est une chose dite.

PHILINTE.

Mais qui voulez-vous donc qui pour vous sollicite?

ALCESTE.

Qui je veux? la raison, mon bon droit, l'équité.

PHILINTE.

Aucun juge par vous ne sera visité?

ALCESTE.

Non... Est-ce que ma cause est injuste ou douteuse?

Les vers qui suivent sont du même ton; mais ce ton n'est plus le grondement de tout à l'heure; ALCESTE ne reprend son caractère symbolique que lorsque son procès, perdu faute de *sollicitation* (Ve acte), il s'épand en foudroyantes invectives contre cette odieuse justice française qui forme avec la guerre, la peste et la famine, la quatrième plaie sociale de l'ancien régime.

Quoi! contre ma partie on voit tout la fois,
L'honneur, la probité, la pudeur et les lois;
On publie en tous lieux l'équité de ma cause;
Sur la foi de mon droit mon âme se repose:
Cependant, je me vois trompé par le succès;
J'ai pour moi la justice, et je perds mon procès!

. . . .

Et le reste, qui n'est pas moins violent; si violent qu'il paraîtrait presque dépourvu de sens sur notre scène moderne. Pourquoi? Parce que, encore une fois, c'est une synthèse: il s'agit beaucoup moins d'une *espèce* que de la prise à partie de toute une institution du temps, celle que Racine devait plus tard fustiger (1668), mais sous forme de badinage. Ce qui achève de le prouver, c'est un trait passé jusqu'ici inaperçu, mais qui, éclairé par mon interprétation, prend de suite comme un sinistre relief. Philinte, cet égoïste prétendu, toujours plein de sollicitude pour son malheureux ami, cherche à lui remonter le moral; plaide en quelque sorte les circonstances atténuantes en faveur des juges qui auraient pu faire plus mal encore :

Ce que votre partie ose vous imputer,
N'a point eu le crédit de *vous faire arrêter*...

Mot sanglant s'il en fut jamais ! mot terrible en son apparente simplicité, car il frappe en plein visage la justice d'alors. Oui, trouver le moyen de faire jeter sa partie adverse en prison pour l'empêcher de militer contre soi, c'était la base de la *sollicitation* dans les procès civils. Cette touchante coutume — il est entendu que toutes celles de nos pères sont touchantes — s'est maintenue, en se développant, jusqu'à la Révolution de 89. Personne ne pouvait se flatter d'échapper à ce moyen de procédure, comme nous disons aujourd'hui; et M. de Loménie nous montre Beaumarchais, ce rude jouteur, jeté à la Bastille par les menées d'un comte de la Blache, héritier de Pâris Duvernay, contre qui il osait plaider à l'occasion de la succession de ce financier[1].

1. Puisque ce souvenir me vient sous la plume, c'est le cas de

Mais reprenons. Philinte estime que le dernier mot du procès n'est peut-être pas dit, et voudrait déterminer son ami à tenter le recours à une juridiction supérieure. Tout le monde sait que le premier sentiment d'un plaideur qui a fini de maudire ses juges, c'est d'*en appeler* ; donc nul doute que le nôtre ne doive saisir avec empressement l'ouverture que lui fait Philinte à cet égard. Cela est dans le caractère humain, comme cela paraît être dans la logique de la situation. — Oui, s'il s'agissait d'un homme comme un autre. Mais encore une fois, ALCESTE est un symbolisme, et c'est en méconnaissant absolument la logique du cœur humain que l'auteur nous révèle ici, comme ailleurs, le caractère de sa conception. Absolu, implacable comme un mythe qu'il est, ALCESTE répudie toute transaction :

> Quelque sensible tort qu'un tel arrêt me fasse,
> Je me garderai bien de vouloir qu'on le casse :

rappeler la dramatique histoire des cent louis et de la montre remis par Beaumarchais à la femme du conseiller Goëzman, l'un de ses juges qui, ignorant cette *épice*, opina contre lui ; d'où cette terrible lutte judiciaire considérée par les historiens comme l'un des derniers coups portés à l'ancien régime. — (V. de Loménie, *Beaumarchais, sa vie et son temps*, t. I, p. 312 et suiv.).

On y voit trop le bon droit maltraité,
Et je veux qu'il demeure *à la postérité*
Comme une marque insigne, *un fameux témoignage*
De la méchanceté des hommes de notre âge.

Méditez ces vers : ne dirait-on pas que le poète plonge ici ses regards dans l'avenir ; qu'il devient réellement *vates ;* voit poindre dans le lointain la grande réforme que l'énormité des abus doit nécessairement déterminer, et qu'il veut ajouter aux griefs du siècle suivant, qui feront crouler l'édifice, le « fameux témoignage » de ce qui se passait en son temps. — Les cahiers des états généraux de 89 sont au fond de ces vers-là comme on les trouvait déjà dans certains pamphlets de la Fronde [1].

Pour achever d'insister sur ce côté funeste de la judicature d'alors, remarquons encore ceci : lorsqu'à la première scène du second acte, Alceste a sa vive explication avec Célimène quant au nombre de ses soupirants et qu'il

1. V. Feillet, ouv. cité, p. 146 : *Avis, remontrance et requête par huit paysans de huit provinces députés par les autres du royaume.* Composé par Misère et imprimé en Calamité ;

Et p. 349 : *Avertissement envoyé aux provinces pour le grand soulagement du peuple sur la déclaration du duc d'Orléans.* — On est étonné des idées qui se trouvent dans ces écrits composés près d'un siècle et demi avant 89.

s'étend en traits mordants sur Clitandre, à qui il ne trouve d'autre mérite que « l'ongle long qu'il porte au petit doigt, sa perruque blonde, et sa vaste rheingrave », que lui répond la dame?

Qu'injustement de lui vous prenez de l'ombrage!
Ne savez-vous pas bien pourquoi je le ménage,
Et que *dans mon procès*, ainsi qu'il m'a promis,
Il peut intéresser *tout ce qu'il a d'amis...*

On voit qu'il y a réellement parti pris chez l'auteur.

Revenons maintenant au premier acte, et, tel nous avons vu ALCESTE se manifester quant aux choses de la justice, tel nous allons le voir se révéler en matière de goût.

Dans l'économie générale de la pièce, le sonnet d'Oronte apparaît comme une sorte de hors-d'œuvre; on dirait un simple épisode destiné à dérider le spectateur, à qui la scène d'exposition pourrait paraître un peu sérieuse en son étendue. Erreur : la scène du sonnet est aussi capitale dans l'œuvre que celle du procès. Sous une nouvelle forme — la forme qui convient — ALCESTE combat le même combat que tout à l'heure. Le jansénisme, ne le perdons pas de vue, n'a pas été seulement une réaction morale, il a été encore une réaction littéraire. Sans l'amour qui lui a placé un bandeau sur les yeux, M. Cousin aurait compris, avec son goût si sûr, que la coterie de l'hôtel de Rambouillet fut sur le point d'atrophier notre langue naissante dans l'afféterie, et que ce fut l'effort en sens contraire du groupe de Port-Royal qui lui rendit la verte allure à laquelle elle était prédestinée. Les *Provinciales* avaient, dès 1656, dit comme le dernier mot de la prose française, en ce sens que tous les prosateurs avaient été obligés d'emboîter ce pas souverain. Mais la recherche prétentieuse, le mauvais goût s'étaient réfugiés dans la poésie ; le *gongorisme* italien et espagnol s'y épanouissait encore en attendant qu'il en fût définitivement chassé par Molière, Boileau et Racine. C'est à ce travers que l'ami de Pascal et des Arnauld livre cet assaut du sonnet d'Oronte, dont nous n'avons vu jusqu'ici que le comique achevé. Remarquez ces vers, où se trouve si nettement exprimée la pensée qui vient d'être indiquée :

Ce style figuré, dont on fait vanité,
Sort du bon caractère et de la vérité ;
Ce n'est que jeu de mots, qu'affectation pure,

Et ce n'est point ainsi que parle la nature:
Le méchant goût du siècle en cela me fait peur;
Nos pères, tout grossiers, l'avaient beaucoup meilleur...

. . . .

Vient alors l'opposition si connue entre le sonnet à Philis et la vieille chanson du temps du roi Henri. Ce n'est pas seulement le débit des différents acteurs chargés du personnage d'ALCESTE qui a toujours donné tant d'importance à ce naïf ressouvenir du temps passé; il est évident que l'intention de l'auteur à ce sujet se manifeste de la façon la plus ingénieuse par le soin, inaccoutumé, qu'il a pris de faire répéter ce couplet en manière de *crescendo,* comme dans les airs de bravoure de nos opéras modernes. On sent le défi lancé par une école nouvelle à une école qui a fait son temps et qui cependant prétend garder le haut du pavé. C'est, sous une forme des plus piquantes, la *préface de Cromwell* de l'époque. Le gant est même si résolument jeté, qu'étant données les mœurs du temps, Oronte se croit obligé de le relever et d'en faire la querelle personnelle que nous voyons se dénouer devant la cour des maréchaux. — Ainsi *Hernani* fit naître plusieurs duels entre classiques et romantiques : « à la profondeur de mes haines littéraires, je comprends les fureurs révolutionnaires de 93 », est certainement une saillie burlesque, mais tout à fait dans la note du romantisme chevelu de 1830. Encore une fois, l'histoire du sonnet d'Oronte n'est pas un simple incident, c'est un des côtés dominants de l'œuvre.

Voyons maintenant Alceste homme politique. — En lisant les Mémoires de Saint-Simon, on constate que ce personnage, important par son titre, courtisan régulier sinon assidu, traversa tout le long règne de Louis XIV, sans jamais avoir occupé aucune charge. Sous son respect hautain le roi devinait un censeur latent, et sans se douter que ce censeur tînt une plume, l'implacable infatuation du prince ne put jamais lui pardonner son attitude. Tel eût vécu, tel eût passé Alceste, si d'autres destinées ne l'eussent enlevé au monde. Nous le voyons d'abord rester sourd à l'amicale provocation d'Oronte :

S'il faut faire à la cour pour vous quelque ouverture,
On sait qu'auprès du roi je fais quelque figure ;
Il m'écoute, et dans tout, il en use, ma foi,
Le plus honnêtement du monde avec moi...

On peut croire que si ALCESTE ne fait pas la moindre réponse à cette invite, c'est qu'il la trouve parfaitement ridicule. Écoutons-le donc lorsque, serré de plus près par Arsinoé (tout alors, nous l'avons vu, s'obtenait par les femmes), il est décidément mis en demeure de s'expliquer.

ARSINOÉ.

. . . . Je suis en courroux
Quand je vois, chaque jour, qu'on ne fait rien pour vous.

ALCESTE.

Moi, madame? Et sur quoi pourrais-je en rien prétendre?
Quel service à l'État est-ce qu'on m'a vu rendre?
Qu'ai-je fait, s'il vous plaît, de si brillant de soi
Pour me plaindre à la cour qu'on ne fait rien pour moi?
. . . .
. . . .

ARSINOÉ.

Et vous saurez de moi qu'en deux fort bons endroits
Vous fûtes hier loué par des gens d'un grand poids.

ALCESTE.

Hé! madame, l'on loue aujourd'hui tout le monde,
Et le siècle par là n'a rien qu'on ne confonde.
Tout est d'un grand mérite également doué.

Ce n'est plus un honneur que de se voir loué;
D'éloges on regorge, à la tête on les jette,
Et mon valet de chambre est mis dans la gazette.

ARSINOÉ.

Pour moi, je voudrais bien que, pour vous montrer mieux,
Une charge à la cour vous pût frapper les yeux.

. . . .
. . . .

ALCESTE.

Et que voudriez-vous, madame, que j'y fisse?
L'humeur dont je me sens veut que je m'en bannisse.
Le ciel ne m'a point fait, en me donnant le jour,
Une âme compatible avec l'air de la cour.
Je ne me trouve point les vertus nécessaires
Pour y bien réussir et faire mes affaires.
Être franc et sincère est mon plus grand talent;
Je ne sais point jouer les hommes en parlant;
Et qui n'a pas le don de cacher ce qu'il pense,
Doit faire en ce pays fort peu de résidence.
Hors de la cour, sans doute, on n'a pas cet appui
Et ces titres d'honneur qu'elle donne aujourd'hui;
Mais on n'a pas aussi, perdant ces avantages,
Le chagrin de jouer de fort sots personnages;
On n'a point à souffrir mille rebuts cruels;
On n'a point à louer les vers de messieurs tels,
A donner de l'encens à madame une telle,
Et de nos francs marquis essuyer la cervelle!

Je reproduis là des vers que tout le monde sait par cœur, mais que chacun relit quand il les retrouve, et qu'il m'est d'ailleurs nécessaire de rappeler, pour mettre en vue les différents reliefs du personnage. A la différence de Saint-Simon, qui était un ambitieux comprimé par l'orgueil nobiliaire, Alceste professe la plus réelle, la plus sincère indifférence pour ce monde de la Cour dont il fait partie. Ce n'est pas seulement parce qu'il l'apprécie à sa juste valeur pour tout ce dont il a été témoin, c'est encore certainement parce que ses aspirations sont ailleurs.

Poursuivons. Il y a évidemment deux natures dans notre héros : à côté de l'être symbolique que nous avons vu planer sur l'avenir, il y a l'être humain et il ne pouvait en être autrement, sans quoi la conception eût été fastidieuse au théâtre. L'amour étant traditionnellement l'élément pivotal des compositions dramatiques, il fallait de toute nécessité que l'auteur rendît son héros amoureux. Mais comment arriver à ce résultat de montrer de l'amour chez un homme qui a précisément la haine de l'humanité pour caractère fondamental? Accomplir un pareil tour de force avec succès pour la postérité ne pouvait être que l'œuvre du génie. Je dis *pour la postérité,* car il n'eût pas été bien difficile d'avoir raison des contemporains sur ce point. On raconte, en effet, qu'à la première représentation, il y eut comme un malentendu entre l'auteur et les spectateurs quant au sonnet d'Oronte : les spectateurs s'apercevant, après coup, que l'auteur entendait ridiculiser ce qui leur avait paru à eux très agréable [1]. Cette tradition doit être vraie; dans tous les cas elle rend bien le goût du temps : la roucoulade était le langage courant de l'amour; on la trouve dans la bouche des personnages les plus tragiques des pièces de l'époque, et on en rencontre encore des traces chez le tendre Racine. Mais Molière ne pouvait commettre une pareille faute : pour lui, Alceste, dans son côté humain, c'est-à-dire Alceste amoureux, devait avoir un

1. La *chute* du sonnet :

> Belle Philis, on désespère
> Alors qu'on espère toujours

était imitée de deux vers fort goûtés de la tragi-comédie espagnole du *Convidado e piedra* :

> *El que un ben gozar espera*
> *Quanto espera desespera.*

(E. de la Bédollière, *Préface* à l'édition populaire de Molière.)

langage à lui, un langage exprimant la saine droiture de son esprit, la rigidité janséniste de ses sentiments : étant donné que Célimène est la coquetterie personnifiée, la lutte entre deux types aussi opposés prend le caractère le plus émouvant, et la douloureuse sympathie dont nous entourons Alceste vient précisément de ce que nous voyons le grand honnête homme vaincu dans ce combat.

CÉLIMÈNE.

Des amants que je fais me rendez-vous coupable?
Puis-je empêcher les gens de me trouver aimable?
Et lorsque, pour me voir, ils font de doux efforts,
Dois-je prendre un bâton pour les mettre dehors?

ALCESTE.

Non, ce n'est pas, madame, un bâton qu'il faut prendre,
Mais un cœur à leurs vœux moins facile et moins tendre.
Je sais que vos appas vous suivent en tous lieux;
Mais votre accueil retient ceux qu'attirent vos yeux,
Et sa douceur offerte à qui vous rend les armes
Achève sur les cœurs l'ouvrage de vos charmes.
Le trop riant espoir que vous leur présentez
Attache autour de vous leurs assiduités;
Et votre complaisance, un peu moins étendue,
De tant de soupirants chasserait la cohue...

Vers pleins d'un charme austère, et comme d'une hautaine mélancolie. On reconnaît l'homme qui s'en veut de sa faiblesse, et qui se rend bien compte que la femme qu'il aime n'est pas digne de lui.

ACASTE.

De grâces et d'attraits, je vois qu'elle est pourvue;
Mais les défauts qu'elle a ne frappent point ma vue.

ALCESTE.

Ils frappent tous la mienne; et, loin de m'en cacher,
Elle sait que j'ai soin de les lui reprocher.
Plus on aime quelqu'un, moins il faut qu'on le flatte:
A ne rien pardonner le pur amour éclate;
Et je bannirais, moi, tous ces lâches amants
Que je verrais soumis à tous mes sentiments,
Et dont, à tout propos, les molles complaisances
Donneraient de l'encens à mes extravagances.

Quand on veut voir Molière lui-même dans Alceste, c'est à ces vers qu'on se reporte, et avec raison, parce que la personne qu'ils mettent en scène est incontestablement Armande Béjart, toujours entourée de papillons de cour; en un mot, comédienne à la mode, plus encore par la coquetterie et le *brio* que par le talent.

Personne n'ignore à quel point son mariage avec cette trop jeune et peu digne femme troubla la vie du poete. Mais c'est en art surtout qu'à quelque chose malheur est bon : croit-on qu'un comédien aussi heureux dans sa vie domestique que dans son exploitation théâtrale aurait jamais trouvé cette palpitante scène du IVe acte qui nous fait venir les larmes et nous rend ALCESTE si profondément sympathique? Il s'agit, on le sait, de la fameuse lettre à Oronte livrée par la prude Arsinoé et qui paraît devoir accabler la coquette. On se souvient de cette belle péripétie où Célimène, poussée dans ses derniers retranchements, reprend tout à coup l'offensive :

ALCESTE.

De grâce, montrez-moi, je serai satisfait,
Qu'on peut pour une femme expliquer ce billet.

CÉLIMÈNE.

Non, il est pour Oronte, et je veux qu'on le croie ;
Je reçois tous ses soins avec beaucoup de joie,
J'admire ce qu'il dit, j'estime ce qu'il est,
Et je tombe d'accord de tout ce qu'il vous plaît.
Faites, prenez parti, que rien ne vous arrête,
Et ne me rompez pas davantage la tête.

ALCESTE, *à part.*

Ciel! rien de plus cruel peut-il être inventé?
Et jamais cœur fut-il de la sorte traité?
Quoi! d'un juste courroux je suis ému contre elle,
C'est moi qui me viens plaindre, et c'est moi qu'on querelle!
On pousse ma douleur et mes soupçons à bout;
On me laisse tout croire, on fait gloire de tout;
Et cependant mon cœur est encore assez lâche
Pour ne pouvoir briser la chaîne qui l'attache,
Et pour ne pas s'armer d'un généreux mépris
Contre l'ingrat objet dont il est trop épris!

A Célimène :

Ah! que vous savez bien ici contre moi-même
Perfide, vous servir de ma faiblesse extrême,
Et ménager pour vous l'excès prodigieux
De ce fatal amour né de vos traîtres yeux!
Défendez-vous au moins d'un crime qui m'accable,
Et cessez d'affecter d'être envers moi coupable.
Rendez-moi, s'il se peut, ce billet innocent;
A vous prêter les mains ma tendresse consent.
Efforcez-vous ici de paraître fidèle,
Et je m'efforcerai, moi, de vous croire telle.

Que ces derniers vers sont donc apitoyants, et comme ils vont droit au cœur de tout homme de quelque gravité qui s'est trouvé — ne fût-ce qu'une fois dans sa vie — aux prises avec la haute stratégie féminine!

Tel est ALCESTE amoureux : c'est, encore une fois, un être tout à fait humain et si nous prenons tant de part aux douloureux tiraillements de son cœur, c'est précisément parce qu'ils sont humains. Que nous nous intéressions plus que nos pères aux souffrances ainsi éloquemment exprimées, c'est là un fait ; mais ce fait ne provient pas d'un goût plus raffiné ou d'une intuition plus complète de l'œuvre : il provient de ce que l'histoire, qui ne lève que tardivement son voile, nous a révélé un Molière ignoré de ses contemporains. Nous savons aujourd'hui, à n'en pouvoir douter, que l'homme si fort éprouvé se trouve être justement notre poète préféré.

. . . .

Il me reste à établir, d'une manière que je crois évidente, le caractère janséniste d'ALCESTE.

Une femme d'un excellent sens critique, très frappée de mon interprétation du personnage, m'a fait cependant une objection : « mais ce janséniste ne parle jamais de Dieu ! » — Ce n'est pas une raison, Madame. Vous-même, qui êtes d'une si ferme piété, vous n'en parlez pas souvent ; c'est dans les manifestations de votre vie droite et pure que se révèle votre spiritualisme élevé. Comparez-les à celles d'ALCESTE et vous achèverez de comprendre ce personnage, votre type de prédilection. Il ne faut pas d'ailleurs se méprendre sur le caractère du janséniste : ce n'était pas un *dévot* tel que nous l'entendons ; c'était surtout un austère, un détaché du monde, un méditatif dont l'aspiration suprême était de chercher dans la solitude la liberté de la pensée et de la prière.

Ce fut, on le sait, Victor Hugo qui répondit (1845) au discours de réception à l'Académie française de Sainte-Beuve, dont les écrits avaient ranimé pour notre époque le grand mouvement janséniste du XVIIe siècle. Se tournant vers Royer-Collard, le poète dit que « les doctrines de Port-Royal étaient encore la lumière intérieure de quelques grands esprits... » Tous les regards s'arrêtèrent sur l'illustre vieillard, qui semblait là comme le représentant d'un autre âge. Il y eut en effet de l'ALCESTE chez cet homme qui lutta pour les idées et jamais pour le pouvoir ou la fortune ; qui, débordé par son époque, se réfugia en lui-même, et mourut dans son austère isolement comme dans un désert idéal.

Le DÉSERT! La critique n'a pas assez remarqué la place que le mot et la pensée tiennent dans la grande œuvre que nous étudions. A ma connaissance, un seul écrivain a saisi jusqu'ici le côté psychologique du personnage si souvent commenté. Mon ami, M. Désiré Laverdant, a terminé, bien avant le présent opuscule, un drame en vers intitulé *le Désert d'Alceste;* suite du *Misanthrope* tout autrement logique que celle de Fabre d'Églantine [1].

Oui, le désert : c'est-à-dire Port-Royal-des-Champs; la retraite avec de grands penseurs comme les Arnauld, avec des hommes du monde comme Renaud de Sévigné, telle est la note dominante qui révèle le caractère janséniste d'ALCESTE. Cette note, on la trouve dès la première scène du premier acte.

> ...Parfois il me prend des mouvements soudains
> De fuir dans un *désert* l'approche des humains.

Ce qu'on n'a pas non plus remarqué, c'est que c'est elle qui forme le dénouement. Combien

1. Dans la conception de M. Laverdant, notre personnage ne fait que traverser le jansénisme, sans en personnifier systématiquement l'esprit critique. — De même, Sainte-Beuve paraît avoir

de fois la critique superficielle n'a-t-elle pas dit : *Le Misanthrope,* cette œuvre soi-disant accomplie n'a pas de dénouement, car, la toile à peine baissée, ALCESTE sera de nouveau aux pieds de Célimène. Erreur ! le dénouement existe, il est tout à fait en harmonie avec la conception comprise comme elle doit l'être ; il est grandiose comme elle, car c'est Dieu lui-même qui intervient pour mettre fin à la lutte ; non pas le vulgaire *Deus ex machinâ* du théâtre païen, mais le Dieu inapparent qui domine et maîtrise une fois pour toutes l'âme humaine. La péripétie caractéristique se montre dans toute son éclatante évidence à l'avant-dernière scène :

ALCESTE.

Oui, je veux bien, perfide, oublier vos forfaits ;
J'en saurai, dans mon âme, excuser tous les traits,
Et me les couvrirai du nom d'une faiblesse
Où le vice du temps porte votre jeunesse,
Pourvu que votre cœur veuille donner les mains
Au dessein que j'ai fait de fuir tous les humains,

eu comme une première vue analogue lorsqu'il fait de Pascal le consolateur religieux d'Alceste. (V. *Histoire de Port-Royal,* t. III, p. 211 et suiv.)

Et que dans mon *désert*, où j'ai fait vœu de vivre,
Vous soyez, sans tarder, résolue à me suivre.
C'est par là seulement que, dans tous les esprits,
Vous pouvez réparer le mal de vos écrits,
Et qu'après cet éclat, qu'un noble cœur abhorre,
Il peut m'être permis de vous aimer encore.

On sait la réponse de Célimène :

Moi, renoncer au monde avant que de vieillir!
Et dans votre *désert* aller m'ensevelir!...

. . . .

La solitude effraie une âme de vingt ans.
Je ne sens point la mienne assez grande, assez forte,
Pour me résoudre à prendre un dessein de la sorte.
Si le don de ma main peut contenter vos vœux,
Je pourrai me résoudre à serrer de tels nœuds....

Alors, ALCESTE se transfigure. La vocation s'empare de lui. L'homme de cour, l'humoriste acerbe, l'amoureux ont vécu : le solitaire apparaît dans son dépouillement radieux! S'adressant à celui qui fut, on peut dire, son infatigable ami, et à celle qui avait su trouver en parlant de lui ces sympathiques paroles

Dans ses façons d'agir, il est fort singulier,
Mais j'en fais, je l'avoue, un cas particulier,

Alceste leur fait les touchants adieux que nous savons. Suprêmes sont ces adieux ! car il en a décidément assez de ce monde de « guerre, de peste et de famine » ; de ce monde où tout est intrigue, vénalité, impudicité, hypocrisie et mensonge... Il se tourne vers la solitude où il va trouver Dieu, qui est la justice et la liberté. C'est alors qu'éclatent ces derniers vers que le spectateur emporte frémissants et qu'un mystérieux écho renvoie souvent aux âmes blessées :

Trahi de toutes parts, accablé d'injustices,
Je vais sortir d'un gouffre où triomphent les vices ;
Et chercher sur la terre un endroit écarté
Où d'être homme d'honneur on ait la liberté.

Il n'y a pas à insister sur le reste de la pièce : ce n'est qu'un cadre approprié à la figure principale ; mais un cadre orné, agrémenté comme ceux où les grands artistes des siècles derniers plaçaient les beaux types sortant de leurs pinceaux. Entre l'accessoire et le principal l'harmonie est si parfaite qu'on a peine à saisir le point où finit l'un et où commence l'autre.

Ainsi se trouve, à mon avis, révélé le « secret du génie de Molière » ; tel nous apparaît ALCESTE à la lumière du réalisme historique. Vue à ce jour nouveau, cette personnification de l'une des plus palpitantes complexités de nos annales nous captivera-t-elle moins qu'à travers la pénombre qui l'a jusqu'ici enveloppée ? Il n'y a pas lieu de le penser. Chacun peut d'ailleurs en faire l'épreuve à la plus prochaine représentation du chef-d'œuvre.

A qui objecterait qu'on ne trouve aucune trace de cette interprétation dans les gloses du passé, je répondrai bravement : Nos pères ignoraient leur histoire; c'est nous qui la faisons!

Deux mots encore. — Il y a quelque dix ans, un critique espagnol prit à partie Beaumarchais, et prouva, par l'argumentation la plus serrée, que son *Figaro* était un personnage de pure fantaisie; que pareil barbier n'avait jamais existé « du Tage au Guadalquivir... » Nous rîmes beaucoup de cette naïve découverte. Pourquoi? Parce que les incidents qui ont accompagné la première représentation de l'œuvre de Beaumarchais font de cet événement, d'apparence purement littéraire, une page de notre histoire nationale; parce qu'il n'est permis à aucun de nous d'ignorer que l'intarissable et agressif barbier est la personnification de l'époque décisive où commence, entre l'ancien et le nouveau régime, une lutte à jamais mémorable. Ce qui achève de le prouver, c'est que, sans nous en rendre bien compte, nous nous sommes désintéressés du symbolisme imaginé par Beaumarchais à mesure que les réformes politiques et sociales accomplies ont enlevé le mérite de l'à-propos aux virulences qui enthousiasmaient nos pères. Observation dont la portée est : que *le Mariage de Figaro* n'est en réalité qu'une « pièce de circonstance » ; en d'autres termes, un monument dont la valeur artistique se délite chaque jour sous l'action du temps.

Combien différent est le symbolisme imaginé par Molière! Malgré l'obscurité dont il fut en naissant systématiquement enveloppé, telle est la puissance de sa vitalité propre qu'elle semble en vieillissant s'affirmer et s'accuser davantage...

Lecteur, cette différence n'est autre que celle qui existe entre les œuvres du talent et les œuvres du génie : aux unes les années, aux autres les siècles!

TABLE DES MATIÈRES

A. Quantin imprimeur
r. S. Benoît. 7. à Paris

www.ingramcontent.com/pod-product-compliance
Ingram Content Group UK Ltd.
Pitfield, Milton Keynes, MK11 3LW, UK
UKHW020457200726
13857UKWH00002B/745